JN107329

# ASEAN諸国の学校に行けない子どもたち
### （OOSCY）

乾 美紀 編著

東信堂

## はじめに

　読者の皆さんは「学校に行けない子どもたち」と聞くと、どのようなイメージをもつだろうか。貧困家庭の子ども、ストリートチルドレン、僻地に住む子ども、無国籍の子どもなど、テレビや新聞で見聞きする光景が頭に浮かぶかもしれない。子どもたちはどこにいても常に自分が身を置く社会の変化に影響を受けやすい。2020年に突如世界を変えた新型コロナウイルス、世界の各地でいまだ絶えることがない戦争や紛争、そして生命を脅かす自然災害。社会的弱者である子どもたちは、いともたやすく犠牲になりやすく、権利が保障されにくい。

　世界の全ての子どもたちは「子どもの権利条約」により教育を受ける権利を有している。2000年に世界共通の目標として設定された「ミレニアム開発目標」(MDGs)では初等教育の完全普及化が目標とされ、達成に向けて様々な努力がなされた。その結果、2000年に世界全体で83％であった初等教育就学率は2015年には91％まで改善された。その後、新たに2015年に設定された「持続可能な開発目標」(SDGs)のうち、4つ目のゴールである「質の高い教育をみんなに」(SDG4)は、全ての人に包摂的かつ公正で質の高い教育を提供し、生涯学習の機会を促進することをねらいとしている。特に、教育機会の平等が深く議論され国際的な支援が継続されてきたが、いまだ世界には学校に行けない子どもたちの数は2億5,800万人にのぼっている(UIS 2019)。

　ユネスコによると、学校に行けない子どもたちを総じて Out-of-School Children and Youth (OOSCY) と称する。それらを学校教育段階別に見ると、23％（約5,900万人）が初等教育、24％（約6,200万人）が前期中等教育、53％（1,380万人）が後期中等教育である。OOSCY の年齢層は後期中等教育卒業(18歳程度)までと広いため、初等教育に該当する年齢層（6〜12歳程度）に限定して取り上げる場合、Out-of-School Children と (OOSC) という呼称を用いている(UIS

2019)。

　これまで OOSCY に関する研究は、状況が深刻なアフリカ諸国や南アジア
に焦点が置かれてきた。しかしながら本書では、域内の経済格差が激しく、
また既に域内における教育協力が進んでいるアセアン諸国を対象とする。

　アセアン共同体は OOSCY への教育の強化を謳うアセアン宣言 (2016) を採
択し、目指すべき 7 つの原則 (①包括性、②平等性、③アクセス、④継続性、⑤持続性、
⑥柔軟性、⑦教育の質) を提示した。筆者らはこの動きに注目し、科学研究費
基盤研究 (C) (18K02394)「アセアン諸国の OOSCY に対する国際教育支援ネッ
トワークに関する研究」(2018 年 4 月 -2021 年 3 月) を受けて進めてきた。

　研究の途上で新型コロナウイルスに見舞われ、現地調査ができなくなった
が、2021 年 6 月の日本比較教育学会第 57 回大会において、課題研究 II と
して発表の機会を得ることができた。その後、2022 年 2 月に『比較教育学研究』
第 64 号の特集として選定され、広く学会員に研究成果を公開することがで
きた。本書は、その特集企画を学会だけでなく一般にも広げ単行本化すると
いう役割を持つ。このことにより、さらに学会活動が広がり、関係者を越え
て社会に理解して頂く機会にもなるのではないかと感じている。

　本書ではアセアン諸国を研究のフィールドとしているが、その中でも
OOSCY の比率が高い国としてインドネシア、タイ、ラオス、カンボジア
を対象とする。また、マレーシアは経済発展の水準が高いにもかかわらず
OOSCY が多いうえ、タイとともに域内支援に積極的に関わっていることか
ら調査対象とした。研究分担者は各国で長年フィールドワークを行ってきた
専門家であり、インドネシアは中矢礼美氏 (広島大学)、タイは森下稔氏 (東京
海洋大学)、カンボジアは荻巣崇世氏 (上智大学)、マレーシアは鴨川明子氏 (山
梨大学)、ラオスは筆者が担当した。


## 本書の目的

　本書で明らかにしたいことは大きく 2 つある。

　第一に、対象の各国において OOSCY とはどのようなグループの子どもた

ちか、またなぜ就学できていないのか、就学しても学校を辞めてしまう場合、その理由は何なのか、辞める理由をどのような方法で打開できたかについて明らかにすることである。そして、アセアン宣言の7つの原則がどの程度達成できているかについて現地調査をもとに分析することとした。

　第二に、OOSCY の問題を解決方策としてどのような国際的な教育協力ネットワークが構想されているのかを、アクター間（政府、国際機関、国際・現地 NGO）の連携に注目して明らかにすることである。

　以上の2点が明らかになれば、OOSCY の問題を解決するために、アセアン共同体のような地域統合が有効であるかどうかについても明らかとなることが予想される。同時に、アセアン加盟国との関係が深い日本に対しても、国際教育支援に関わる最適なあり方を提案できることに実践的な意義が見いだされる。

## OOSCY の定義と国際的動向

　OOSCY の定義は、①コミュニティの中で学校へのアクセスがない、②学校へのアクセスがあっても登録していない、③登録していても学校に行っていないか中途退学のリスクがある、④教育システムから落ちこぼれている子どもを指す（UNESCO 2019）。OOSCY は特定のグループに偏りがちである。たとえば、女子、宗教的マイノリティ、山岳地帯に住む少数民族、無国籍の子ども、スラムなど貧困地区の子ども、ストリートチルドレン、人身取引の被害者、越境労働者や難民の子どもなど、特定の事情を持ち社会的に弱い立場に置かれたマイノリティの子どもたちである。つまり、ジェンダー、信仰、居住地、越境、貧困、政治的な問題などが複雑に関係しているのが現状である。

　彼らは教育へのアクセスに乏しいというのがこれまでの学術的定説であり、開発途上国に限らず世界共通の問題だとみなされ、多くの国で取り組みが進められている。同時に、世界的な課題として国際的な支援の動きも活発である。地域的にみると OOSCY はアフリカ諸国や南アジアに集中している。たとえばサハラ砂漠以南のアフリカ（サブサハラアフリカ）の OOSCY の比率は

## 表1　世界における OOSCY の比率と総数

| | 学校に行っていない子どもの比率 | | | | 学校に行っていない子どもの数 (100万) | | |
|---|---|---|---|---|---|---|---|
| | 男女平均 | 男 | 女 | ＊GPIA | 男女平均 | 男 | 女 |
| ヨーロッパ・北アメリカ | 2.9 | 3.1 | 2.8 | 0.91 | 4.4 | 2.3 | 2.0 |
| ラテンアメリカ・カリブ海諸国 | 9.6 | 9.9 | 9.2 | 0.92 | 12.0 | 6.3 | 5.6 |
| 中央アメリカ | 8.2 | 7.2 | 9.1 | 1.21 | 1.1 | 0.5 | 0.6 |
| 南アジア | 21.5 | 20.9 | 22.1 | 1.05 | 93.0 | 47.4 | 45.6 |
| 東アジア・東南アジア | 9.1 | 10.0 | 8.2 | 0.82 | 32.6 | 18.8 | 13.8 |
| 北アフリカ・西アジア | 15.5 | 14.0 | 17.0 | 1.17 | 17.1 | 7.9 | 9.2 |
| サブサハラアフリカ | 31.2 | 28.9 | 33.6 | 1.14 | 97.5 | 45.5 | 52.0 |
| オセアニア | 9.3 | 8.4 | 10.2 | 1.18 | 0.7 | 0.3 | 0.4 |
| 世界 | 17.1 | 16.6 | 17.7 | 1.07 | 258.4 | 129.2 | 129.2 |

出典) UIS 2019　＊ジェンダーギャップ指数

31.2％（男子 28.9％、女子 33.6％）、南アジア 21.5％（男子 20.9％、女子 22.1％）で、いずれも女子の比率が高い（**表1**）。この傾向は初等教育でも同様で、世界の OOSC（約 5,900 万人）のうち半分以上（約 3,200 万人）がサブサハラアフリカに集中しており、次に南アジア（約 1,300 万人）が続く（UIS 2019）。

　表1においては東アジアと東南アジアが一つの地域として示されているため、OOSCY の比（9.1％と）は他地域と比較して低いようにみえるが、東南アジアの OOSCY は 360 万人にものぼっている（UNESCO 2019）。

## アセアン宣言に至るまでの動向と宣言後の取り組み

　アセアン諸国において教育の重要性は、アセアン憲章（2008）で強調されていた。2016 年 9 月には、前年に設定された SDGs のうち SDG4 に沿う形で Out- of-School Children and Youth（OOSCY）への教育の強化を謳うアセアン宣言が採択された。この宣言を契機に、各国における不就学の子どもへの対応が促されるとともに、域内教育協力に積極的な国々が中心となり、OOSCY を減らそうという動きが始まった。アセアン諸国における OOSC、比率、特徴的なグループは**表2**に示す通りである。

**表2　アセアン諸国の OOSC の数と比率**

| 国 名 | OOSC の数 | 比率（%） | ＊代表的な OOSCY のキーワード |
|---|---|---|---|
| カンボジア | 184,824 | 9.44 | 男子・無国籍・農村 |
| インドネシア | 2,061,360 | 7.27 | ストリートチルドレン・僻地 |
| ラオス | 50,332 | 6.66 | 少数民族・僻地・貧困 |
| フィリピン | 586,284 | 4.51 | ストリートチルドレン・早婚・僻地 |
| タイ | 107,315 | 2.16 | 貧困・僻地 |
| ベトナム | 127,071 | 1.76 | 貧困・少数民族 |
| マレーシア | 41,794 | 1.40 | 無国籍 |

出典) UNESCO 2019。＊各国の執筆者および UIS 等から入手した情報を記載

　アセアン諸国での取り組みを示すことは、経済格差の著しい国々で個別的な対応が実施されていること、それを支援するネットワークの構想を地域共同体として一体的に捉えることが可能であるという点で非常に興味深い。本研究では、初等教育の完全普及が目指されるアセアン共同体において構築されつつあるネットワークの現状と課題についても究明することとした。

　本書においては、ユネスコが提唱するアセアン宣言の7つの原則からの探究と比較に注目した。本調査ではこれらに照らして調査項目を設定し、各国における OOSCY の実態や対応策の状況を調べることとした。

　本研究では、この7つの原則をユネスコの担当者からの同意を得たうえで、大きく4つのカテゴリーに分類した（**表3**）。すなわち、①包括性、②平等性、③アクセスを「教育へのアクセス」、④継続性と⑤の持続性を「継続性」と

**表3　ユネスコの OOSCY に対する7つの理念**

| ①包括性 | | 差別なく平等な教育機会が与えられている |
|---|---|---|
| ②平等性 | アクセス | 教育へのアクセスや参加のために強い関与、明確な支援と資源がある |
| ③アクセス | | 性別、国籍、民族などにかかわらずアクセスの保障ができている |
| ④継続性 | 継続性 | 中途退学や留年なく教育を継続できている |
| ⑤持続性 | | 継続的な教育アクセスがある |
| ⑥柔軟性 | 柔軟性 | ノンフォーマル教育、職業教育などによる生涯学習ができている |
| ⑦教育の質 | 質 | 教師、カリキュラム、教材、教授法、評価などの質の向上ができている |

いうカテゴリーにまとめ、⑥柔軟性と⑦教育の質は、独立したカテゴリーと
して取り扱うこととした。

## 研究の方法と特徴

　本研究で主として用いる研究手法はインタビューや参与観察を含む定性調
査である。その対象は国によって異なるが、教育省、地方行政の教育担当者（教
育局）、教員、国際 NGO、現地 NGO、保護者・当事者などである。あわせて、
関連の先行研究や現地で収集する一次資料により、総合的な知見の導出を図
る。

　本研究の独自性および創造性は次の 3 点にあると考える。第一に OOSCY
への対応をめぐる国レベルの状況とそれを支援する地域レベルのネットワー
クの双方に目を向け、その相互作用のありようを総合的に解明する研究枠組
みを設定している点である。これまで、アセアン域内の教育研究としては、
ある国を対象とするか地域共同体としてのマクロな取り組みが個別に取り上
げられることが多く、両者を包括的に捉える視点は必ずしも十分ではなかっ
た。第二に、アセアン域内の教育協力に関する従来の研究が中等・高等・職
業教育に焦点をあわせてきたのに対して、本研究が主に基礎教育段階に注目
していることがある。第三に、すでに協力関係を築いている現地の協力者と
協働しながらフィールドの文脈をふまえつつ課題に取り組む研究組織体制を
とっていることである。これにより、現在進行形の急速に動く状況を的確に
捉えることが可能になる。

## 本書の注目点

　本特集で取り上げる各国の報告において注目を促したい点が 3 つある。ま
ず、どの国も OOSCY の定義や測り方が確立しておらず、政府さえもその数
字を把握できていないことである。そのような状況下で OOSCY をどのよう
に焦点化し、支援しようとしているのかに着目してほしい。

　次に、どの国もラスト数パーセントの OOSCY、つまり最後のターゲット

の削減に苦慮している点である。OOSCY となる要因がどこにあるのか、または就学の阻害要因を取り除くために各国がどのような努力を続け、グッドプラクティスを積み上げているかという点は注目に値する。

　最後に、OOSCY を支援するために展開されている教育協力ネットワークが、実際 OOSCY に近い現場や当事者たちにどう受け止められているか、という点である。不就学の子どもに対する支援は、SDG4 に沿う形で行われるのが望ましいのか、当事者は自分たちの教育機会をどう保障しようとしているのかについて知見を得ることは、教育のあり方について再検討する契機ともなる。

## 現状をさらに知るためのコラム

　なお本書では研究対象とした国々の OOSCY についてより深く知ってもらうために、現場で OOSCY に関わる活動をしたり対象者に近い立場で支援をしたりしている方がコラムの執筆を依頼した。

　カンボジアは CheaPhal 氏（Cambodia Development Resource Institute）が執筆した原稿を美並立人氏（神戸大学大学院国際協力研究科）が翻訳した。ラオスは北川愛夏氏（兵庫県立大学 4 年生乾ゼミ、学生国際協力団体 CHISE 前代表）に依頼した。インドネシアは Novtryananda M.S Ghunu 氏（広島大学）に依頼し、中矢礼美氏が翻訳した。マレーシアはディヤ・ラマワティ・トハリ氏（早稲田大学大学院アジア太平洋研究科院生）が執筆し、英訳及び追記・編集を鴨川明子氏と冨田理沙氏（山梨大学学学部生）が行った。

　また、研究対象としなかった他のアセアン諸国でも OOSCY が存在し、国によっては大きな社会問題となっていることにも注目した。そこで、ベトナムは白銀研五氏（びわこ学院大学）、フィリピン・インドについては西谷美咲氏・勝又遥香氏（上智大学総合グローバル学部 4 年生）、シンガポールをシムチュン・キャット氏（昭和女子大学）に依頼することができた。アセアン諸国の中で、もともと研究蓄積が少ないミャンマーについては吉田夏帆氏（兵庫教育大学）、東ティモールについては須藤玲氏（東京大学大学院教育学研究科・博士課

程日本学術振興会特別研員）が引き受けて下さったことは幸いであった。また、実際に長年、アセアン諸国で OOSCY への支援を続けてこられた宮沢一朗氏（UNESCO Yangon 事務所所長）からは実践経験に基づいた貴重な寄稿を頂いた。さらに、日本にも OOSCY がいることに鑑み、日本のオルタナティブ教育から学校に行けない子どもたちの可能性を見出すことを目指し、平野邦輔氏（東京経済大学）に執筆を依頼することができた。この場をお借りして、執筆者の方にお礼を申し上げたい。

　本研究で得られた成果は、OOSCY に課題を持つ国だけではなく貧困層や外国籍の子どもが目立つようになった途上国、先進国の国々や日本社会にとっても大きな示唆を与えると考えられる。

### 参考文献

UIS (2019) "New Methodology Shows that 258 Million Children, Adolescents and Youth Are Out of School" [Fact Sheet no. 56 September 2019 UIS/2019/ED/FS/56] new-methodology-shows-258-million-children-adolescents-and-youth-are-out-school.pdf (unesco.org) (Accessed October 2021)

UNESCO (2019) ASEAN Declaration on Strengthening Education for Out-of-School Children and Youth.

# 目次／ASEAN諸国の学校に行けない子どもたち

# 第4章 マレーシアにおける学校に行けない子どもたち (OOSC)
## ──「最後のターゲット」貧困層・遠隔地・先住民に対する教育支援──

ASEAN 諸国の学校に行けない子どもたち

# 第 1 章

# カンボジアにおける学校に行けない子どもたち（OOSC）
### ──境界線から学校教育を考える──

荻巣崇世

## ①カンボジアの国と教育

### (1) カンボジアの今

　カンボジアは、タイ、ベトナム、ラオスと国境を接する人口 1,600 万人ほ
どの小さな国だが、世界遺産アンコール・ワット遺跡群を擁するアジア随一
の観光立国だ。読者の中にも、カンボジアを訪れたことがある人は多いかも
しれない。メコン川がもたらす肥沃な大地には、風に揺れる稲、ニョキニョ
キ伸びるヤシの木。そしてカンボジアの人たちの少し照れたような笑顔。一
度訪れたら二度、三度と通いたくなる、魅力いっぱいのカンボジア。こうした、
いかにも南国の素朴な雰囲気の一方で、1970 年代のポル・ポト政権（クメール・
ルージュ）による虐殺の歴史はその残像をあちこちで見ることができる。手
足を失い市場で物乞いをする元兵士、虐殺現場となったキリング・フィール
ド、収容所として使われていた元校舎の博物館。そして、20 年以上も権力
を握り続けるフン・セン政権と、その下で生み出され続ける圧倒的な貧富の
格差。子どもの貧困や教育にまつわる課題も多い。アンコール・ワットで物
売りの子どもに囲まれたり、日中に街中を走り回る幼い子どもたちの姿を目
にした人もいるだろうし、ゴミ山で生きる子どもたちと触れ合うツアーに参
加した人もいるかもしれない。極度に学校化された日本社会に生きる私たち
には、「平日の日中に学校に行っていない子どもがいる」という事実は、と
りわけ悲惨で可哀想なことに映る。

　我々が抱く「低開発」のイメージを体現したようなカンボジアだが、近年、大きな変化を経験している。

## (2) 経済成長とそのひずみ

　カンボジアは2019年までの10年間で平均7％の経済成長を続け、2016年には中所得国入りを果たした (World Bank Group, 2022)。だが、急成長の恩恵は貧しい人たちには行き渡っていない。これは主に、2010年代以降、ASEAN共同体の発足をにらんで、ASEAN諸国——特に国境を接するタイとベトナム——に経済的に追いつくことを第一の目標に据えた開発を行ってきたことによる。というのも、経済成長を狙って多国籍企業の誘致を進める一方で、低賃金や労働環境の改善が後回しとなり、物価の上昇も相まって貧困層がより苦しくなる、という構造があるのである。現在、カンボジア政府は「2030年までに高中所得国に、2050年までに高所得国に」を長期目標として成長戦略を強化しているが、これまでの経済成長は貧困層を搾取する構造によって成し遂げられてきたものであることを忘れてはならない。

　以上の背景から、実は、公正性に重きを置くSDGsはカンボジア政府にとって不都合な部分が大きい。もちろん表向きはSDGsを採択し、様々な文書でSDGsの重要性について述べてはいる。だが、それによって基本的な戦略——成長第一——を変えることはなく、自国の成長戦略に沿う部分だけを取り入れるというやり方で歩調を合わせている。こうした態度は教育分野では特に顕著で、例えば政策文書では「持続可能な開発のための教育：ESD」が重要だとする一方で、ESDの第5の柱「自分と社会を変革することを学ぶ」という、フン・セン政権にとって脅威となり得る部分については徹底的に無視を決め込んでいる。カンボジアにおいてSDGsが実質的な意義を持つとすれば、経済成長に直接つながる部分に限ってのことであろう。

## (3) 学校教育を取り巻く環境

　1990年代以降、カンボジアの学校教育は安定した発展を遂げてきた。い

まだに学校に行けない子どもの割合は高く、人数も多いが、学校教育の量的拡大は順調に進んできたと言ってよい。この成果と課題については、本論で詳しく述べる。

　教育の質の面では、特に 2010 年代から、世界銀行や OECD の影響を受けて、グローバルな教育改革（Global Education Reform Movement, GERM）の流れに沿う形で改革が進められている。とりわけ、国の発展に貢献できる市民の育成がカリキュラムの軸となり、国際競争力の強化を意識した英語教育の早期導入や ICT 教育の充実、STEM 科目（科学、技術、工学、数学）の重視、学力スタンダードと学力調査の導入、産業人材育成の重点化などの新自由主義的な改革が矢継ぎ早に進められてきた。これは明らかに ASEAN 経済共同体を意識したもので、「隣国が歩くなら、カンボジアは走らなければいけない」という、タイやベトナムに追いつけ、追い越せという社会環境が大きく影響している。

　その一方で、カンボジア人としてのアイデンティティや愛国心を重視するような学習内容がこれまで以上にカリキュラムに盛り込まれるようにもなっている。ASEAN 経済共同体の発足を背景として、国際競争力を持ちつつ自国の経済成長に貢献できる、愛国心を持った人材を育成するという重要な責務が、カンボジアの学校教育には課されているのである（Hagai & Ogisu, 2019）。

## (4) 学校教育の綻び

　カンボジアの学校教育は世界的な国際教育開発の潮流をそのまま具現するようにして発展してきた。現代社会において、基礎的な教育を受けられないことは基本的人権の侵害であり、将来的にも就職や賃金などの面で大きなハンディキャップとなり得る。親世代の教育の欠如が子ども世代の貧困につながることもよく知られている。国際社会は、こうした状況を「問題」ととらえて、できるだけ多くの子どもを就学させることを目指してきた。1990 年代の「すべての人に教育を（Education for All, EFA）」も、2015 年以降の SDG4「質の高い教育をみんなに」も、学校教育の量的拡大を最重要事項としている点は一貫している。本論で述べる通り、1990 年代の初等教育から 2000 年代後

半以降の就学前教育と前期中等教育へと教育段階は移ったものの、カンボジアでも学校教育のアクセスの拡大は教育開発の重点分野であり続けている。

しかし、こうした学校化政策の綻びは世界のあちこちで顕在化している。不登校はいまや世界共通の教育課題だし、学校教育が多様な子どもを包摂しきれていないことも明らかである。また、学校教育によって格差が生み出され、その格差が世代を超えて拡大再生産されていることは、本書の読者たちが少なからず感じていることではないだろうか。カンボジアでも、学歴社会化が急激に進んだ結果、試験中のカンニングや不正の問題が後を絶たない。さらにコロナ禍は、学校教育が柔軟性に欠く時代遅れの制度であることをさらけ出した。学校教育の脆さは、全世界的な休校措置によりほとんどすべての子どもが一時的に OOSC となったことで露見したし、同時に、そのような脆い制度が「学び」を独占してきたという皮肉な事実は、休校により「失われた学び」の大きさが証明している。

これらの綻びは、学校化を進めること（つまり、すべての子どもを学校に通わせること）が絶対解なのだろうか、という問いを投げかけている。本論では、学校に通わず観光地で物売りをしたり、家の仕事を手伝っている子どもたちは、本当に「悲惨」で「可哀想」なのか、なぜそうしているのか、どうしていけばよいのか、ということを考えてみたい。

**参考文献**

HAGAI, Saori, OGISU, Takayo. (2019). Cultivating ASEAN Citizenship in the Cambodian Educational Experience: ASEAN Integration, Challenges and Contradictions. *Ritsumeikan Journal of International Relations and Area Studies. 50.* 21-40

The World Bank Group. (2022). Cambodia. Retrieved on February 4, 2022. https://data.worldbank.org/country/cambodia?view=chart

## 2 本　論

　1990年代以降、カンボジアでは、ポル・ポト政権[1]下で崩壊した学校教育を再建し、教育機会を拡大することを最重要課題として、様々な政策や援助が実施されてきた。これらの介入は2000年代に入ると初等教育[2]の就学率の向上として結実し、2019年までの時点で初等教育の純就学率[3]は約90％で安定している。2000年代後半からは、初等教育の質の向上および就学前教育と前期中等教育の量的拡大に焦点が移り、教育制度全体としては順調な発展を遂げている。ただし、この発展の裏で、初等教育就学率100％まで「最後の5〜10％」[4]という状態に20年間あまり改善が見られないことも事実である。この「最後の5〜10％」こそ、学校に行けない子どもたち（OOSC）である。

　本章は、正確に把握できていないことの多いカンボジアのOOSCについて、出来る限り現状を明らかにすることと、学校教育から多重に周辺化された子どもたちの視点から、「学校に行けない子どもたち（OOSC）」という捉え方自体を批判的に検討することを目的とする。本稿の構成は以下のとおりである。第1節では、カンボジアOOSCコンソーシアム（Cambodia Consortium for Out-of-school Children、以下CCOSC）による世帯調査の結果を検討することにより、カンボジアの初等教育における「最後の10％」とはどのような子どもたちなのかを整理する。第2節では、「学校に行けない子どもと若者（OOSCY）」の就学を促進するために行われている施策について、アクセス、継続性、質、柔軟性の4つの観点から検討していく。さらに第3節では、統計には表れない「見えない子ども」の存在にも光を当てながら、学校に行けない（行かない）子どもたちが、カンボジアの学校教育や、近代学校教育制度そのものにどのような問いを投げかけているのかを考えてみたい。

## 1.　カンボジアの学校に行けない子どもたち（OOSC）

　「OOSCYに対する教育支援を強化するためのASEAN宣言（ASEAN Declaration

on Strengthening Education for out-of-school Children and Youth)」（以下、ASEAN 宣言）は、教育段階を限定せず学校に行けない子どもと若者（OOSCY）を広く対象としているが、本稿では、初等教育段階における学校に行けない子ども（OOSC）にしぼって検討する。これは、初等教育とそれ以降の教育段階では普及の度合いが異なるため、不就学者の属性や不就学[5]となる要因も異なることが予想されることから、まずは初等教育段階の OOSC について明らかにすることが必要だと考えられるためである[6]。OOSC の定義は ASEAN 宣言の定義が適当と思われるものの、この定義に厳密にしたがって統計を取るのは非常に困難である。したがって、カンボジアでは、行政データにおいては学齢人口から就学している学齢の子どもの人数を除したものを OOSC の人数としている。この場合、ASEAN 宣言の定義に含まれる「出席していないあるいはドロップアウトするリスクがある子ども」は事実上 OOSC としてカウントされない。また、カンボジアは自動進級制を採っておらず原級留置（留年）があり得ることを考慮し、年齢の幅を正規の 6 歳から 12 歳ではなく、6 歳から 15 歳と広く設定した定義も存在する。OOSC の実態を把握する試みとして、カンボジア教育省が毎年発行している学校統計、国勢調査や人口保健調査など世帯調査によるものがあるが、OOSC の定義や集計方法が統一されていないため、それぞれの調査で報告される OOSC 数や割合には大きな幅がある[7]。こうした定義の揺らぎこそ、OOSC の現状把握を難しくしている要因であることを指摘しておく。その上で、本章では、6 歳から 15 歳の子どものうち、小学校にも中学校にも在籍していない子ども、または小学校に在籍しているものの長期に欠席し、ドロップアウトのリスクのある子どもを OOSC として議論を進める。

## (1) 誰が OOSC となっているのか

　2015 年に CCOSC が実施した世帯調査では、カンボジアの 25 の州とプノンペン特別市において、6-15 歳の子どもを擁する 11,578 世帯を対象にスクリーニングした後、OOSC を擁する 3,268 世帯に対して個別の聞き取りとフォーカスグループを実施している。抽出調査ではあるものの、カンボジア

の全州を網羅し段階を踏んで調査しており、現在入手可能なデータの中では最も詳細で信憑性の高いものである。また、この報告書では、初等教育段階の学齢児童のうち、これまで小学校に通学したことがない、または少なくとも過去1年以上公立・私立を問わず小学校に通っていない子どもを「真のOOSC」、公立または私立の小学校に通っているものの、過去6ヶ月間に開校日の20％かそれ以上欠席している子どもを「ハイリスクOOSC」として、OOSC予備軍とも呼べる子どもにも焦点を当てているところが特徴である。さらに、OOSCを**表1-1**のように5つのカテゴリーに分類して分析し、より詳細な実態に迫っている。

　世帯調査の結果、6歳から15歳の子どもを持つ世帯のうち4世帯に1世帯（25%）が少なくとも一人のOOSCを擁しているという衝撃の事実が明らかになった。同時に、OOSCを擁する3,268世帯には6-15歳の子どもが合計6,641人おり、そのうち4,340人がOOSCであった（CCOSC, 2015, p. 38）。つまり、1世帯に一人以上のOOSCを擁する場合や、1世帯に就学中の子どもとOOSCの両方を擁する場合もあるということである。年齢別に見ると、OOSCの平均年齢は10.3歳で、10歳以下の子どもが全体の53.7%を占めている。OOSC

### 表1-1　OOSCの5分類

| カテゴリー | 説明 |
| --- | --- |
| 貧困・僻地 | 貧困家庭または最寄りの小学校から3km以上離れて住んでいる子ども、またはその両方に属する子ども。 |
| オーバーエイジ | 6歳以上で一度も学校に通ったことがない子ども、または、6歳で入学し順調に進級したと想定し相当する学年の対象年齢より2歳以上年齢が上の子ども。 |
| ストリート・チルドレン | 一日のほとんどの生活および仕事の時間を「路上」（特定・固定の場所でないところ）で過ごす子ども。 |
| 少数民族の子ども | 親が「クメール人」ではない子ども。 |
| 障害を持つ子ども | 日常生活を制限するまたは妨げるような知的、身体的、知覚的状態にあると認められる子ども。 |

注：複数カテゴリーに属するOOSCが多いほか、いずれにも分類されない子どもも一定数存在。
出典：Cambodia Consortium for Out of School Children Baseline Surveyをもとに筆者作成。

のうち、「真の OOSC」が約 35％、「ハイリスク OOSC」が約 65% で、「真の OOSC」のうち約 4 割の子どもは一度も就学することなく OOSC となっていた[8]。さらに、男女別で見ると、OOSC のうち男児 59％、女児 41% とジェンダー間の格差（リバース・ジェンダーギャップ）が見られる。行政データでは、初等教育段階のジェンダー格差はほぼないが、中等教育段階では女子の就学率が高くなっていることに鑑みると、小学校段階から OOSC に男子が多いことは特筆すべき現象である。

## (2) なぜ OOSC となっているのか

　次に、通学状況と 5 つのカテゴリーによって OOSC を分類したのが**表 1-2**である。各 OOSC は複数のカテゴリーに分類されている場合や、逆に「カテゴリーなし」に分類されている場合もあるが、OOSC 一人あたり平均 1.6 個のカテゴリーに分類された。例えば、OOSC のうち 13％が「障害」カテゴリーに分類されたが、「少数民族」カテゴリーの OOSC の 4.8％が何らかの障害を抱えており、「少数民族」と「障害」の二つのカテゴリーにカウントされている。このことは、少数民族であることや障害を持つことといった、社会において脆弱な立場に置かれやすい特徴に重複して該当する子どもが OOSC になっているという事実を示しており、社会の格差が複層的に教育へのアクセスに

**表 1-2　OOSC の内訳**

|  | 真の OOSC | | ハイリスク OOSC |
|---|---|---|---|
|  | 就学経験なし | 通学していない | 休みがち |
| オーバーエイジ | 487 | 660 | 1659 |
| 貧困・僻地 | 621 | 484 | 1548 |
| 障害を持つ子ども | 182 | 73 | 319 |
| 少数民族の子ども | 92 | 89 | 294 |
| ストリート・チルドレン | 173 | 87 | 119 |
| 分類なし | 52 | 3 | 501 |

注：OOSC 一人あたり平均 1.6 個のカテゴリーに重複して分類されている。
出典：CCOSC (2015) Baseline Survey をもとに筆者訳出。

影響していることを示唆している。

　上の表からは、オーバーエイジと貧困・僻地のカテゴリーに分類された OOSC が多いことと、カテゴリーによって「真の OOSC」と「ハイリスク OOSC」の割合や就学経験の有無の傾向に差があることが分かる。具体的には、オーバーエイジでは、一旦就学したものの通学していない・休みがちである場合が 8 割を超えているのに対して、障害やストリート・チルドレンのカテゴリーでは一度も就学したことのない子どもの割合がそれぞれ 31.7%、45.6% と高くなっている。ストリート・チルドレンは、さらに、他のカテゴリーに比べて「真の OOSC」の割合が高くなっており、初等教育からもっとも遠い存在となっている。逆に、分類なしの OOSC は 9 割以上が「ハイリスク OOSC」であり、貧困などの明確な理由がなくても学校に通えない（通わない）事象がかなりの頻度で生じていることも分かる。ハイリスクの状態が続けば、オーバーエイジによる「真の OOSC」となる可能性が高まる。

　OOSC となった主な理由としては、最も重要な要因の上位 5 位までを子ども自身や家庭に起因する需要側の要因が占めている。具体的には、子どもの病気・障害（25.5%）、学校不適合（22.2%）、金銭的困難（10.8%）、家庭内労働の必要（8.8%）、賃金労働の必要（5.8%）の順で、需要側の要因の中でも特に病気や障害、不適合などの子ども自身に関する要因が全体の半数近くを占めている。教師や学校に起因する供給側の要因としては、6 位以降に学校までの距離（5.3%）、指導が不十分（3.2%）、教員の不在（0.9%）などが挙げられている。このことは、OOSC の問題が、供給側の要因、つまり教育制度や教育サービスに関わる制度的・構造的な問題としてよりも、各家庭や、特に子ども自身の個人的な問題として捉えられている可能性を示唆している[9]。

　同時に、「真の OOSC」の 67.4% が貧困や家庭内労働の必要性など、家庭の要因を最も重要な要因としているのに対して、「ハイリスク OOSC」では73.1% が子ども自身の要因を最も重要な要因としているという違いにも注意を払う必要がある。つまり、病気がちである、学校に馴染めないなどの子ども自身の要因は、学校を休みがちになるきっかけではあるが、子どもが「真

の OOSC」となる際に決定打となっているのは、多くの場合、貧困や労働の必要などの家庭の要因だということになる。

以上、カンボジアでは誰が、なぜ OOSC となっているのかを整理した。ここで明らかになったことは以下の 3 点である。

①特に 6 歳で小学校に入学しないオーバーエイジの子どもが「ハイリスク OOSC」になりやすい。

②障害、少数民族、僻地などの個別の属性はもとより、これらの属性に重複して当てはまる子どもが OOSC になっている。ただし、ジェンダーについては女子よりも男子に OOSC が多くなっている。

③ OOSC を生む要因のうち、子どもの病気・障害や学校不適合などの子ども自身の要因が OOSC となるリスクを高め、貧困や労働の必要など家庭の要因が決定的な影響を及ぼしている。教師や学校に関する要因は、子どもや家庭の要因と比べて比較的影響が小さいと認識されていることは、OOSC の問題が多様な子どもを包摂しきれない学校や教育制度の問題としてではなく、子どもや家庭の私的な問題として矮小化されている可能性を示唆している。

## 2. OOSC の就学を促す取組

カンボジアでは、OOSC の就学を促すことを目的として、様々なアクターが種々の取組を実施している。本節では、本研究の分析枠組みに則り、アクセス、継続性、質、柔軟性の 4 つの観点ごとに既存の取組を整理していく。

### (1) アクセスに関する取組

包摂的で公正な初等教育へのアクセスの実現を目指した取組は、主に「真の OOSC」を対象とするノンフォーマル教育セクター内での取組と、主に「ハイリスク OOSC」を対象とする初等教育セクター内での取組とに分けられる。初等教育に就学していない、もしくは一旦就学したものの辞めてしまった「真

の OOSC」に対しては、各学年に相当するクラスで学んだ後、フォーマル教育に編入できる再入学プログラム（3 年生以降の各学年のクラスを設置）と、小学校修了と同等の修了証を得られる 2 年間の初等教育代替プログラムが展開されている。2015 年時点で、再入学プログラムは 21 の州で 817 クラス開かれ、13,350 人が参加し、そのうちおよそ 9 割が小学校に編入したという（Ministry of Education, Youth and Sport, 2015）。代替プログラムは、16 の州で 96 クラス、4,580 人が参加していた。ただし、両プログラムとも、OOSC が多く報告されているにも関わらず開講されてない州が見られることから、ノンフォーマル教育へのアクセスにも地域格差があることを指摘しておきたい。

　初等教育セクター内の取組には、小学校に在籍しているものの OOSC となるリスクが高い子どもたちを対象としたプログラムがある。第 1 節でも整理したように、家庭の貧困は子どもが OOSC となる大きな要因であることから、子どもの就学に直接・間接にかかる費用を抑えるため、学校給食プログラムや奨学金プログラムが政府や NGO によって実施されている。また、少数民族が多い東北部の 4 州では、多言語での教科書の作成や少数民族の教員の採用などを通して、母語での教育を推進する多言語教育プログラムを実施している。障害児を通常学級に受け入れるインクルーシブ教育プログラムは、主要都市のみで実施され、対象も身体障害児だけに限られている。

## (2) 継続性に関する取組

　第 1 節で見たように、カンボジアの OOSC の特徴としてオーバーエイジによる OOSC の存在が挙げられる。オーバーエイジの OOSC には、正規の就学年齢である 6 歳で小学校に入学せず、そのまま OOSC となっている子どもと、入学が遅れたり、留年を繰り返したりしために学年に相当する年齢を 2 歳以上上回ってしまい「ハイリスク OOSC」となっている子どもの 2 つのパターンが考えられる。特に後者の場合に、中退や留年なく教育を継続できているかという継続性の問題が関わってくる。

　「ハイリスク OOSC」は学校を休みがちで、学習の遅れを抱えている場合が

I4

多いと考えられるが、こうした子どもたちのために、カンボジア政府は速習プログラムを実施している。具体的には、毎週木曜日は通常の授業を実施せず、学習が遅れがちな子どもたちのための補習に充てている。さらに、学習が遅れがちな子どもを指導するための指導書 *Helping Slow Learners* を作成し教員に配布したり、退学しそうな子どもに対して家庭訪問を行うなど、ハイリスクの子どもをどうにか学校に留め、留年せず進級できるよう配慮することを推奨している。

　6歳での小学校入学を逃し、一度も就学することなく OOSC となる子どもたちに対しては、就学前教育のアクセス拡大が政策の重点課題になっている。就学前教育を通して校区内の就学年齢の子どもを確実に把握し、子どもも保護者も入学に備えることが、6歳での就学に寄与すると考えられている。

## (3) 教育の質に関する取組

　初等教育の質の向上は、2000 年代以降、カンボジアの教育政策の最重要課題となっている。特に、他の途上国同様、ユニセフの支援を受けて 2001年より実施している「子どもにやさしい学校 (Child-friendly School)」プログラムは、教育の質向上の包括的な政策パッケージである。2007 年にはカンボジアのすべての小学校を子どもにやさしい学校とすることが政策決定され、2017 年時点で 73％の公立小学校が基準に達したという (Ministry of Education, Youth and Sport, 2019)。子どもにやさしい学校の取組は、「子どもを追い求める学校 (child seeking school)」とも言われるように、学校の側が「子どもにやさしい」場所に変わることで多様な子どもを包摂し、OOSC を生み出さないための取組である。

　ノンフォーマル教育においても、NGO が中心となり、指導員の研修や教材開発を通して質の向上を図っている。

## (4) 柔軟性に関する取組

　柔軟性とは、ノンフォーマル教育、職業教育などによる生涯学習の機会が

どの程度利用可能かという観点である。カンボジアでは、識字プログラムおよび収入創出プログラムが各地のコミュニティ学習センター（CLC）で提供されており、2015 年時点の参加者はそれぞれ約 7.5 万人と 8 千人であった（Ministry of Education, Youth and Sport, 2015）。各プログラム参加者の年齢別の構成を見ると、15 歳以下の参加者はそれぞれ約 6 千人、3 千人であり、OOSC となった後も識字やスキルを身につけたいと願う子どもたちにとって、ノンフォーマル教育が規模は小さいながらも一つの受け皿になっていることが分かる。

　以上の取組は、全国一律に行われているものもあるが、各地の OOSC の特徴をふまえた支援も市民社会組織により実施されている。とりわけ CCOSC は、カタールの財団 Education Above All の支援を受けてカンボジア内外の 23 の NGO が連携し、各地で様々なカテゴリーの OOSC に対する支援を展開している。2014 年以降、それぞれの取組を共有し、連帯して OOSC 支援の拡充を政府に働きかけているほか、特に第 1 節で述べたような OOSC の現状把握の点で多大な貢献をしている。

算数の授業

グループでの学び

## 3. 無国籍ベトナム系住民の視点から考える OOSC

　ここまで、二次資料を用いてカンボジアの OOSC と OOSC を支援する取組について整理してきたが、本節では、こうしたデータからは見えない子どもの視点から、OOSC という概念そのものについて考えてみたい。ここで依拠するデータは、筆者がこれまでに収集した無国籍のベトナム系の子どもたちの就学実態と保護者たちの語りである。

　17 世紀以降、現在のカンボジア領に定住するようになったベトナム系住民は、フランスによる植民地支配下ではカンボジア統治政府の官僚としても登用されていた。この歴史から、現在も国民の反ベトナム感情は根深く、ベトナム系住民は他の少数民族とは異なる不利な扱いを受け続けている (松井、2009)。法律上、7 年以上カンボジアに居住することやクメール語の読み書きができることなどの条件を満たせば、外国人が帰化してカンボジア国籍を取得することが可能だが、ポル・ポト政権崩壊後に移住した移民第一世代のベトナム系住民の多くが帰化を認められず、「不法に滞在する外国人」としてカンボジアに居住している。その結果、移民第二・第三世代となる彼らの子どもや孫は、ベトナム国籍もカンボジア国籍も得られず無国籍状態に留め置かれ、そのためにカンボジアの公立学校へのアクセスを認められていない場合が多い。また、たとえ学校が特例での受け入れを許可したとしても、土地を持たないベトナム系住民はメコン川やトンレサップ湖の河岸や水上に集落を作って生活しているため、通学が物理的に困難で、子どもたちの多くが正規の学校にアクセスできていない (荻巣、2018)。さらに、歴史的経緯から、ベトナム系住民の存在を把握すること自体が政治的な火種となり得るため、具体的な人数が把握できていない。その結果、ベトナム系の無国籍の子どもたちは人口統計や学校統計に含まれない「見えない」存在となっており (Ehrentraut, 2011)、OOSC とさえ認識されない多重に周辺化された存在である。

水上集落　　　　　　　　　　　　水上村の学校と教会

## (1) 無国籍ベトナム系の子どもたちと学校

　ここでは、筆者が 2017 年に 3 州にまたがる 4 つのベトナム系の集落で計 15 世帯を対象として実施した聞き取り調査の結果に基づいて、子どもたちが学校に通っていない経緯と要因、「学校」に対する認識を明らかにしていく。まず、調査地の概要を整理すると、**図 1-1** のようになる。A、B、D 村にある無認可ベトナム人学校は、ベトナム系の住民が自分たちで設立・運営し、1 日 500 リエル（約 15 円）程の少額の学費を取りながら子どもたちにベトナム語の読み書きと基礎的な計算を教えている学校である。この学校はカンボジア政府からの認可や認定を受けていないため、フォーマル教育はもちろん、正確にはノンフォーマル教育にも位置付けることができない影の学校である[10]。C 村の準ベトナム民族学校とは、ベトナム大使館の支援を得てベトナム国内と同じカリキュラム・教科書で教える小学校で、郡全体で 5 校、村の中にも 1 校ある。これらの小学校を卒業すればベトナム国内の中学校やプノンペンにあるベトナム国民学校の中等部に進学することも可能だという（但しベトナム国籍保持者に限られる）。ベトナム系の子どもたちは、カンボジア公立学校、無認可ベトナム人学校、準ベトナム民族学校の 3 つの「学校」と様々に関わっていた。

ポーサット州D村
人口1,117人、無認可ベトナム人学校あり。完全な水上村で公立学校は通学圏内にはない。

ポーサット州C村
人口約5,000人、準ベトナム民族学校あり。

コンポンチュナン州B村
人口3,908人、無認可ベトナム人学校あり。小学校までは特別措置により公立学校に通えるが、遠い。

プレイベン州A村
人口2,700人、無認可ベトナム人学校あり。小学校までは書類がなくても公立学校に通える。

**図1-1　調査地の概要**

出典：CIA の地図を使用して筆者作成。

　調査した 15 世帯には、6 歳から 15 歳の子どもが 30 人おり、そのうち 19 人が無認可ベトナム人学校のみに通っている、または全く学校に通っていない不就学の子どもであった。無国籍でも公立小学校に就学することが認められている特例はあるものの、19 人すべてが無国籍であり、カンボジア国籍を持たないことが公教育へのアクセスの大きな阻害要因となっていることは明白である。19 名のうち、公立学校に就学した経験を持つのは 2 名のみで、調査時点で無認可ベトナム人学校に通っていた子どもが 11 名、無認可ベト

**無認可ベトナム人学校で学ぶ子ども**

**無認可ベトナム人学校の授業風景**

ナム人学校にも通っていなかった子ども8人のうち、2人（8歳と12歳）は一度もいかなる種類の学校にも通ったことのない子どもであった。

## (2) 公立学校への就学と無国籍の関係

　19名の子どもたちが公立学校に就学していない要因としては、①通学できる範囲に学校がない、または受け入れてもらえない、②カンボジア式のカリキュラムが適切でない、という2つの要因が挙げられた。

### ①通学できる範囲に無国籍の子どもを受け入れている学校がない

　最大の要因は制度的なものである。カンボジアの公立小学校または中学校に「居住外国人」が入学するためには、合法的にカンボジアに居住していることを示す書類（居住カードや出生証明書など）の提出が求められる。ベトナム系住民の多くはこうした法的な書類を持っていないことが多く、その時点でカンボジアの公教育へのアクセスは閉ざされる（荻巣、2018）。無国籍の子どもが多い地域では、ローカルの人権NGOからの働きかけによって特別に入学を認めている公立小学校もある（例えば調査地A、B）が、状況は不安定である。例えば、調査地Bでは、元々の居住地のそばに公立小学校があり、そこへの入学が認められていた。しかし、2015年10月に突如退去命令が出され、現在の場所に移住して以降は、通学のための交通費（ボート代）が負担となり、小学校を退学して無認可ベトナム人学校に通うことになった子どもがいた。このことについて、当該児の父親は以下のように述べている。

　　できることならばもう一度子どもたちを前の小学校に戻してやりたい。
　　……中略……今は学校が遠くなってしまい通わせることができないので、
　　しかたなくベトナム学校に通わせているんだ。せめてベトナム語の読み
　　書きだけでもできれば、こちらに進出しているベトナム企業に就職した
　　り、ガイドや通訳になったりもできるだろう？
　　（筆者：どうして「しかたなく」なんですか？）

　だって、そもそも自分も子どももカンボジアで生まれたカンボジア人な
んだから、小学校でクメール語を学ぶ方が大事だよ。

　この語りからは、子どもたちが突然学校に通えなくなってしまい得る無国
籍状態の不安定さと、そのことに対する親としての悔しさがにじみ出ている。
　通学できる範囲に無国籍の子どもを受け入れてくれる学校がないという要
因は、学校教育の制度的な問題であるばかりか、社会の構造的な問題でもあ
る。公教育が国籍の無い子どもを排除するように運営されているという現実
は、カンボジア社会に存在する差別や排除と無関係ではないためである。た
とえ学校が無国籍の子どもを受け入れたとしても、無国籍であることが、住
む場所や仕事の制約によって親世代を社会から疎外し、そのことが、子ども
世代を学校教育から疎外されやすい状況を生む。世代を超えた疎外の連鎖は
社会構造の問題である。

**ボートでの通学風景**

　②カンボジア式のカリキュラムが適切でない
　要因①は、通いたくても学校に通うことができない場合を想定しているの
に対して、保護者らは必ずしもカンボジアの公立学校に子どもを通わせたい
と願っていないというのが、要因②である。ベトナム系としてのアイデンティ

ティの保持を願う保護者にとって、カンボジアの公立学校のカリキュラムや教授言語のクメール語を受け入れ難いのである。こうした認識を持っていたのは特に調査地Dの住民だった。調査地Dには通学可能な公立学校がなく、村での生活もベトナム語やベトナム文化を中心に営まれているため、カンボジア社会との関わりは非常に限られていた。そのように孤立した環境で、住民たちはベトナム系としての意識を強く持っており、これが「学校」への認識や関わりにも影響していた。例えば、調査地Dの役員を務める男性は、公立学校と無認可のベトナム人学校とを比較して次のように述べた。

> 村の子どもたちには、カンボジアでもベトナムでも不自由なく生きていけるようになってもらいたいので、できればクメール語とベトナム語両方を勉強させてやりたい。午前はベトナム学校、午後はクメール語学校のように二つの学校に同時に通えるのが理想と思う。
> （筆者：それはカンボジア公立学校ではなくて、クメール語の学校という意味ですか？）
> 公立学校だとクメール語以外も学習しないといけない。算数や歴史・文化とかね。そっちはベトナム学校で勉強できるから、クメール語だけ別のところで勉強するというのが良いんじゃないかな。

　この村の住民にとって、無認可ベトナム人学校は村の子どもにベトナム語やベトナム文化を教える大切な教育の場として認識されていた。さらに、カンボジア公立学校では「算数や歴史・文化」もカンボジア式に学ばねばならないという事実を否定的に捉えていることも分かる。ただし、カンボジアで生活する上でクメール語を身につける必要性は感じており、語学に限ってはベトナム語とクメール語の両方が大切であるとも述べていることから、子どもに最適な教育を主体的に選択しようとする戦略性がうかがえる。
　これらの語りは、「学校に行けない子どもたち（OOSC）」という概念自体に大きな問いを投げかけている。というのも、この概念は「学校に行きたいの

に行くことができない」ことを前提としており、学校に行かない（行かせない）という選択・戦略を潜在的に否定しているからである。そして、このときの「学校」とはフォーマルな学校教育であり、無認可ベトナム人学校のような影の学校を含んでいない。しかし、当然ながら、公立学校に通っていないことは教育を受けていないことや学んでいないことと同義ではない。そもそも無国籍のベトナム系住民の多くが、人口統計にも学校統計にも含まれていない「見えない」存在であり、OOSC という概念自体、ここで見た子どもたちをはじめから疎外してしまう。国民教育制度としての学校教育の限界と言ってよい。こうした前提に無自覚に、誰一人取り残さず OOSC をフォーマルな学校教育制度に組み込むことを目指すのは、実はとても暴力的なことなのではないか。フォーマルな学校教育制度の側が、ベトナム系住民をはじめとする多様なニーズを持つ子どもを包摂する努力はもちろん必要だが、多様な学校のあり方、多様な教育のあり方を尊重することも必要なのではないか。

## おわりに

　本章の目的は、既存の情報を整理してカンボジアの OOSC の現状を明らかにするとともに、「学校に行けない子ども（OOSC）」という概念自体を再検討することであった。まず、OOSC の現状に関しては、① 6 歳で小学校に入学しないオーバーエイジの子どもが「ハイリスク OOSC」になりやすいこと、②障害、少数民族、農村などの属性に重複して当てはまる子どもが OOSC になっていること、③ OOSC を生む要因のうち、子どもの病気・障害や学校不適合などの子ども自身の要因が OOSC となるリスクを高め、貧困や労働の必要など家庭の要因が決定的な影響を及ぼしていることの 3 点が明らかになった。また、OOSC の就学を促進する取組については、政府や市民社会などのアクターが多様な支援を提供しているのに加え、無国籍ベトナム系住民の例から、保護者たちの自助努力も最低限の教育機会を保障するための一翼を担っていることが明らかになった。他方、公教育だからこそ国籍によっ

て子どもを学校教育から疎外するという側面があることも明らかになり、ベトナム系住民の中には、こうした問題を抱える学校教育に包摂されることを必ずしも望んでいない住民も存在した。以上から、OOSCという概念自体に、学校に行かない（行かせない）という選択・戦略を潜在的に否定しているという問題や、多様な教育のあり方を過小評価しているという問題があることを指摘した。

　以上のように、カンボジアではOOSCを支援するための取組が多様なアクターによって実施されていた。国による支援はOOSCを減らす／新たなOOSCを生まないための施策だが、その裏で、無国籍の子どもを公教育から疎外しているという皮肉な現実があった。とりわけ、無国籍ベトナム系住民の処遇はカンボジア政府にとって非常にセンシティブな問題であることから、例えば二国間協力や国際機関などによる「国」を介したトップダウンの介入が難しい。こうした中で、OOSCを支援するNGOが国内外にネットワークを形成し、水平的に連携・連帯して支援を強化したり政府に働きかけたり、OOSCの当事者や保護者が自らの手でボトムアップに学びの場を創っていたことは希望である。これらの取組は、OOSCの状況を正確に把握する上でも、現実的にOOSCに最低限の教育機会を保障する上でも、極めて重要な役割を果たしており、今後さらに理論化を進めていくべき領域である。

　最後に、OOSCという概念が、実務の上では使いやすい（世に訴えやすい・支援を得やすい）概念である一方で、理論上様々な問題を含んでいることも再度強調しておきたい。本章はいくつかの問題点を指摘するに留まってしまったが、一つずつ問題を検証し、OOSCの概念を鍛えていくような研究が、今後求められよう。学校教育から疎外された子どもたちの存在は、教育の多様なあり方を示すと同時に、国民教育制度としての学校教育に再考を迫っている。

おどける子どもたち

クメール語の授業

注

1 　正式名称は民主カンプチア。ポル・ポトをリーダーとするクメール・ルージュ
が、1975年4月17日に首都プノンペンを制圧し、原始共産主義の実現を目指し
て都市住民を地方に移住させたり、強制労働に従事させたりした。1979年1月
7日にベトナム軍がプノンペンを解放するまでの約4年の間に200万人以上が亡
くなったとされる。ポル・ポト政権は学校教育制度を解体し、教師を含む知識
人を虐殺した。このことが現代にいたるまでカンボジアの学校教育に大きな影
を落としている。

2 　カンボジアの学校教育は、日本と同じく初等教育6年、前期中等教育3年、後
期中等教育3年、高等教育4年の6-3-3-4制をとっており、初等教育と前期中等
教育の9年間を義務教育、初等教育から後期中等教育までを無償としている。

3 　純就学率とは、学齢の在籍児童（生徒）数を学齢人口で割ったもの。総就学率
は、年齢に関係なく、在籍児童（生徒）数を学齢人口で割ったもの。総就学率は
100%を超えることがあるが、これは原級留置（留年）や入学の遅れにより、学齢
を過ぎて在籍する児童（生徒）が存在することによる。

4 　「最後の〇%」とは、学校教育普遍化（就学率100%）を目指す中で、最もリー
チしにくい層の子どもたちのこと。貧困層の子ども、僻地に住む子ども、少数
民族や障害を持つ子どもなど特別な配慮を必要とする場合が多く、彼女らの就
学を促すには莫大な手間とお金がかかる。1990年から2015年までの「すべての
人に教育を（Education For All）」運動で最も恩恵を受けられなかった子どもたちで
もある。

5　不就学（または非就学）とは、就学していない、つまり学校に通っていないことをさすが、日本では学籍がなく通学もしていない場合に「不就学」を、学生はあるが通学していない場合は「不登校」と使い分けることが多い。

6　初等教育段階の OOSC はそのまま out-of-school youths となる可能性が高いため、OOSC の現状を詳らかにすることは教育制度全体の特徴や傾向をつかむ上で不可欠である。

7　少し古い情報になるが、「学校に登録しているかどうか」を基準とする学校統計では、OOSC 率は 6.4％（2010 年）であるのに対し、世帯調査により「実際に学校に通っているかどうか」に基づいて集計した社会経済調査（Cambodia Socio-economic Survey: CSES）では、OOSC 率は 17.4％（2009 年）と、10 ポイント以上の差が出ている。

8　この点については 2009 年版社会経済調査でも確認されている。就学年齢の 6 歳になっても子どもを学校に通わせないという事例はカンボジアで頻繁に見聞きするが、逆に、1 年生は留年することを見越して、5 歳で入学させる例もある。就学年齢をめぐる対応から、保護者が戦略的に学校教育と関わっていることが見て取れる。

9　少数民族の OOSC は、5 つのカテゴリーの中でも特に供給側の要因（適当な学校がない、教員の不在）を最重要の要因と回答している割合が高く、「学校に行けない」ことを制度や社会の問題として捉えていることが垣間見える。

10　ノンフォーマル教育は、「ある目的をもって組織される学校教育システム外の教育活動」「フォーマル教育が初等教育の完全普及を達成できない状況に対応するため、すべての人の基礎教育ニーズを補完的で柔軟なアプローチで満たそうとする活動」である（小荒井・高柳、2016、212 頁）。この定義にしたがえば、無認可ベトナム人学校もノンフォーマル教育と考えることができる。しかし、カンボジアにおいてノンフォーマル教育とは、教育青年スポーツ省ノンフォーマル教育局の管轄下にあるプログラムのことを指すのが一般的であり、その意味では無認可ベトナム人学校はノンフォーマル教育ではない。

## 参考文献

荻巣崇世（2018）「「ボーダー」に生きる人々の教育戦略：在カンボジア・ベトナム系住民と学校」『国際教育協力論集』21 巻 1 号、pp. 17-32.

小荒井理恵・高柳妙子（2016）「第 14 章：識字・ノンフォーマル教育」（207-220 頁）小松太郎編『途上国世界の教育と開発—公正な世界を求めて』上智大学出版.

松井生子（2009）『カンボジア農村におけるベトナム人と地方行政の関わり：「不当な」

料金徴収とその影響をめぐって』（地域研究ワーキングペーパー 71、カンボジア研究 3（京都大学グローバル COE シリーズ 69））.

CCOSC（Cambodia Consortium for out of school Children）.（2015）. *Baseline Survey.* Aide et Action, Angkor Research, Educate a Child.

CCOSC（Cambodia Consortium for out of school Children）.（2017）. *End of Program Technical Report.* Educate a Child.

Ehrentraut, S.（2011）. Perpetually temporary: Citizenship and ethnic Vietnamese in Cambodia. *Ethnic and Racial Studies, 34(5),* 779–798. https://doi.org/10.1080/01419870.2010.537359

Ministry of Education, Youth and Sport.（2015）. *Non-formal Education Statistics & Indicators 2015.* Royal Government of Cambodia.

Ministry of Education, Youth and Sport.（2019）. *Education Strategic Plan 2019-2023.* Royal Government of Cambodia.

UNESCO.（2017）. *Situation Analysis of Out-of-School Children in Nine Southeast Asian Countries.* https://bangkok.unesco.org/content/situation-analysis-out-school-children-nine-southeast-asian-countries（2021 年 9 月 30 日最終アクセス）

UNESCO Institute for Statistics. National Monitoring Database. http://data.uis.unesco.org/（2021 年 9 月 30 日最終アクセス）

## カンボジアの学校に行けない子ども達：COVID-19下における現状と課題

**コラム①**

Chea Phal（カンボジア開発人材研究所教育研究・イノベーションセンター長）
訳　美並立人（神戸大学大学院国際協力研究科）

　2018年には、世界人口の5分の1にあたる約2億5800万人の子どもや若者が学校に通っていないと推定されており、その半数以上は中等教育の学齢期に該当する年齢である。学費免除や条件付現金給付など、教育のアクセスを拡大するための取組により、学校に行けない子どもの数は、過去10年間で減少傾向にあった。しかし、その進展はCOVID-19によって、振り出しに戻ってしまった。

　過去30年間、カンボジアの教育セクターでは、教育への平等なアクセスを確保することが重要な優先事項として挙げられてきた。その結果、カンボジアは初等教育の普遍化に向けて目覚ましい発展を遂げてきた。しかしながら、中等教育における高い退学率と留年率は、依然として課題となっている。国勢調査によると、2008年には15歳から19歳の子どもの50%が非就学者であったことが明らかとなっている。2019年に高校生の非就学率は、32.4%と改善されているが、アジア地域の他の国々と比較すると、未だに高いままである。さらにUnited Nations Develpment Programは、COVID-19により、カンボジアのパンデミック前の過去4年間に達成した教育分野の成果をすべて失ったと言及している。（Khoun, 2021）

　カンボジア教育・青年・スポーツ省（以下、MoEYS）は、休校中であっても子

**プノンペンの現在**

どもの学習を中断させないために、テクノロジーを駆使した遠隔教育の導入に注力している。しかし、MoEYS と開発パートナーによる共同評価では、遠隔教育を受けられる環境下にある子どもは約70％、オンライン学習を行うことができる子どもは約35％に過ぎないことが報告されている。カンボジア開発人材研究所 (CDRI) と MoEYS が2021年後半に、国内の10州で600人以上の教師を対象に行った調査では、中高生のうちリアルタイムのオンライン授業に参加できている生徒は約50％であることが明らかになった。このような現状は、オンラインでの遠隔教育にとって必要不可欠なデジタル機器やインターネットへのアクセスの欠如が一つの大きな原因と考えられている。(Chea et al., 2022)

　そして、COVID-19 の影響を最も強く受けているのは貧困層である。カンボジア政府は COVID-19 の経済的影響を軽減するために、合計約300万人、約70万の貧困世帯に現金給付を行った。現金給付額は地域 (プノンペン、都市、農村) と貧困レベル、世帯構成員によって異なる。しかし、カンボジア政府は、経済的に恵まれない世帯の子ども、特に中高生の多くが学校を中退し、家計を支えるために働いているという現状を報告している。

牛の世話をする少年

売店の船に乗っている少年

　また、地方では、上記のような脆弱なデジタル機器やインターネット環境が原因で、1年間以上まともに授業を受講できていない子ども達も数多くいる。カンボジアは長い学校閉鎖を経て2021年11月に学校を再開したが、学校に戻らなかった子どもの数についてはまだ正式な数が報告されていない。そして、多くの農村部の子どもたちが学校に戻らず、働き続けることを選択している。

　このような現状は、すでに高い中等教育段階での中退率をさらに悪化させる恐れがある。MoEYS の公式統計では、2018-2019年度で15.8％だった中学生の退学率が、2020-2021 には18.2％となり、2.4％上昇している (MoEYS, 2021)。

　このような現状から、特にカンボジアでは貧困層と地方に住む子どもが

井戸の水で遊んでいる少女　　　　　校舎の土盛りをする生徒

COVID-19 の影響を受けている事がわかる。それ故に、学校が再開し、パンデミック前の学校生活が戻りつつある今、COVID-19 下で学習を継続できた子どもとそうでない子どもの学力の差が広がるのは明らかである。1 年以上学びから遠ざかっていた子どもの学習意欲と成績を、補習や個別指導を通して向上させていくことは、今後、教育システムから離脱する子どもの数を減少させるために必要不可欠である。

授業の様子②

学校の寄宿舎

授業の様子①

**参考文献**

Chea, P., Bo, C., & Minami, R.（2022）. *Cambodian Secondary School Teachers' Readiness for Online Teaching During the Covid-19 Pandemic*. CDRI Working Paper Series No. 134. CDRI. Phnom Penh.

Khoun, T.（2021）. Projected Impacts of Covid-19 on the 2020 Human Development Index in Cambodia And Its Neighbors. UNDP Cambodia: Phnom Penh.

MoEYS（2021）. Education Congress: The Education, Youth and Sport Performance in the Academic Year 2019-2020 and Goals for the Academic Year 2020-2021.

白銀研五（びわこ学院大学）

**コラム②** 「学校に行けない子ども」から考えるベトナムにおける教育疎外

## 1.「学校に行けない子ども」めぐる近年の動向

　ベトナム社会主義共和国（以下、ベトナムと略）における「学校に行けない子ども」（Out-Of-School-Children）の割合は、初等教育で男女ともに約 4.0%、前期中等教育で男子約 11.8%、女子約 10.5% とされている（UNESCO、2017）。ただし、これらの数値はインターネット上で入手可能な 2009 年の資料から算出された値であり、実態をどの程度反映しているかという点については限界がある。2019 年の国勢調査の時点でベトナムには人口約 9,620 万人のうち 5 歳から 14 歳までの子どもが約 1,555 万人いるとされており（Tổng Cục Thống Kê、2020）、2019 年－ 2020 年度の 3 歳以上の教育機関の就学者数は約 431 万人、5 年制の初等教育の就学者数は約 871 万人、4 年制前期中等教育の就学者は約 560 万人であった（Bộ Gáo Dục và Đạo Tào）。また、2020 年－ 2021 年度の純就学率については、5 歳児の教育段階で 97.6%、初等教育では 98.2%、前期中等教育では 93.0% とされており（Viet Nam General Statistics Office and UNICEF、2021）、東南アジア諸国（2020 年時点初等教育純就学率約 96.3%、前期中等教育約 88.3%）と比べて（UNESCO Institute for Statistics）、比較的高い状況にある。しかし、「学校に行けない子ども」は、無戸籍や適切な手続きを経ずに移民してきた子ども等も含まれるため、こうした統計だけで実態を把握することは難しい。それだけではなく、もともとベトナムでは初等教育の段階から成績で進級を判断する課程主義がとられているため、就学率が高くとも留年率や退学率が高くなる傾向があった。例えば、1978 年の初等教育の純就学率は約 90.3% であるが、1 年生の退学率は約 23.2%、4 年生は約 12.2% であり、最終学年までの累積退学者の割合は約 53.6% にのぼっていた（UNESCO Institute for Statistics）。この傾向は、教育普及の進展とともに改善されつつあり、2014 年時点の 1 年生の退学率は約 1.9%、4 年生は約 1.5%、最終学年までの累積退学者の割合は約 4.0% となっている。また、初等中等教育における就学者、中退者、非就学者の割合の推移を見ると（**表1**）、非就学者や中退者の割合は低下してきていることがわかる。

表1　就学者、非就学者、中退者の割合の推移

|  | 1999 | 2009 | 2019 |
|---|---|---|---|
| 就学者 | 79.1% | 83.6% | 91.7% |
| 非就学者 | 4.7% | 1.9% | 0.6% |
| 中退者 | 16.2% | 14.5% | 7.7% |

出典：Ban Chỉ Đạo Tổng Điều Tra Dân Số và Nhà ở Trung Ương (2019) tr.53 をもとに筆者作成

　しかし、「学校に行けない子ども」の問題をめぐっては、近年、従来見られなかった状況が生じてきており、就学の有無や退学のリスクといったこれまで諸外国で講じられてきた施策だけでは対処できない問題が生じつつある。
　例えば、**表2**は、表1の非就学者と中退者を合わせて、男女別に示したものである。各年における女子のみ、男子のみの割合を見ると1999年には女子のみの比率(23.5%)の方が男子のみの比率(18.5%)よりも高かった。しかし、2009年以降は逆転し、2019年には男子のみの比率(9.2%)が女子のみの比率(7.5%)を上回っている。つまり、非就学者、中退者の割合は全体的に低下してきているものの、近年の教育においては女子よりも男子の方が学校にアクセスできない状況が生じているのである。
　就学をめぐるこうした動向を背景に、「学校に行けない子ども」の問題が中退や退学のリスクを含めた教育疎外の問題にかかわることをふまえると、単一的な指標で状況を捉えようとすることには限界があるだろう。そこで、本コラムでは障害に焦点をあて、こうした教育疎外の問題を考える視点を示したい。

表2　非就学者、中退者の男女の割合

|  | 1999 | 2009 | 2019 |
|---|---|---|---|
| 非就学・中退者 | 20.9% | 16.4% | 8.3% |
| 女子のみ | 23.5% | 15.3% | 7.5% |
| 男子のみ | 18.5% | 17.3% | 9.2% |

出典：Ban Chỉ Đạo Tổng Điều Tra Dân Số và Nhà ở Trung Ương (2019) tr.54 をもとに筆者作成

## 2. 障害のある子どもの教育

　ベトナムには622万5,519人の障害のある人がいるとされており、ベトナム統計総局が2016年から2017年にかけておこなった調査時点では人口の約7.1%を占めていた。そのうち、2歳から17歳までの子どもは当該年齢人口比の約2.8%にあたる67万1,659人とされる（Tổng Cục Thống Kê、2018）。また、教育訓練省によれば2019年－2020年度で3歳から5歳を対象とした教育機関には5,057人、初等教育機関には6万5,296人、前期中等教育機関には2万336人の障害のある子どもが就学しているとされる（Bộ Gáo Dục và Đạo Tào）。しかし、障害のある就学者数を全就学者に対する割合で見るならば、初等教育および前期中等教育に就学する障害のある子どもは1%に満たない。したがって、2歳から17歳までの障害のある子どもの人口比の割合をふまえると、障害のある子どもの就学機会はいまだに限定的であることがわかる。

　次に、初等教育と前期中等教育に焦点をあて、障害のある子どもの就学率を性別、地域別に分けて見てみよう。なお、ベトナムでは障害のある子どもは規定年齢を超えて就学することが認められているため、表3は粗就学率も併記している。表3の障害のある子ども全体の純就学率を見ると、上記のいずれの就学段階のそれより低いうえに、男女別に見ると男子の方が若干低くなっていることがわかる。また、世帯数でいえば障害のある人のいる世帯は、約75.3%が農村部の世帯であるにもかかわらず（Tổng Cục Thống Kê、2018）、表3では初等教育、前期中等教育ともに農村部の就学率が低くなっている。

　これらのことから、ベトナムにおける障害のある子どもは、女子よりも男子が、都市部よりも農村部で、教育において疎外されるリスクが高いことがわかる。なお、近年、女子の就学状況が男子のそれよりも改善されてきていることについて、ベトナム統計総局の見解では、男女格差を是正するために努力してきた成果であるとされるが（Ban Chỉ Đạo Tổng Điều Tra Dân Số và Nhà ở Trung Ương 2019）、政策効果の検証結果が示されているわけではない。

表3　性別、地域別に見た障害のある人の就学率

| | | 全体 | 女子 | 男子 | 都市部 | 農村部 |
|---|---|---|---|---|---|---|
| 初等教育 | 純就学率 | 約81.7% | 約82.0% | 約81.5% | 約85.6% | 約80.5% |
| | 粗就学率 | 約88.4% | 約88.8% | 約88.1% | 約91.0% | 約87.6% |
| 前期中等教育 | 純就学率 | 約67.4% | 約72.0% | 約62.6% | 約70.2% | 約66.7% |
| | 粗就学率 | 約74.7% | 約80.5% | 約68.5% | 約76.3% | 約74.3% |

出典：Tổng Cục Thống Kê（2018）をもとに筆者作成

## 3. 交差する教育疎外の要因

　さらに、こうした動向を背景にすえながら、障害を地域、民族、生活水準といった他の要因との交差性という視点から見ると、別の傾向が浮かびあがってくる。**表4**は、障害のある子どもを就学先別に整理し、その割合を示したものである。「受入不可の学校」とは、表向きには障害のある子どもを受け入れていない、すなわち障害のない子どものみが学ぶ学校を指し、「受入可の学校」は障害のある子どもを受け入れている学校を意味する。

　表4の就学先を性別で見ると、一緒に学ぶ環境であるはずの「受入可の学校」に就学する障害のある子どもは、女子（約90.9%）よりも男子（約92.2%）の方が高い。一見すると障害のある男子の方が就学機会に恵まれているように見える。しかし、地域別に見ると「受入可の学校」に就学する障害のある子どもの割合は都市部（約83.5%）よりも農村部（約94.1%）の方が高い。また、障害のある子どもを対象とする「特殊学校」に就学する割合は、男子（約0.6%）より女子（約1.5%）、農村部（約0.9%）より都市部（約1.3%）の方が高い。つまり、障害のある子どものうち、男子より女子の方が、農村部よりも都市部で、一般的な教育よりも専門的な教育を受ける傾向がある。

### 表4　子ども[*1]の就学先の割合

| | | 受入不可の学校 | 受入可の学校 | 特殊学校 | 特殊学級 |
|---|---|---|---|---|---|
| 障害のない子ども | | 約8.9% | 約91.0% | 約0.0% | 約0.0% |
| 障害のある子ども | | 約6.9% | 約91.6% | 約1.0% | 約0.5% |
| 性別 | 女子 | 約7.2% | 約90.9% | 約1.5% | 約0.4% |
| | 男子 | 約6.6% | 約92.2% | 約0.6% | 約0.6% |
| 地域別 | 都市部 | 約14.4% | 約83.5% | 約1.3% | 約0.7% |
| | 農村部 | 約4.5% | 約94.1% | 約0.9% | 約0.5% |

*1 年齢幅は5歳から24歳までを含む。
*2 ベトナムの主要民族はキン族であるが、同調査では華人を含めて値を算出している。
出典：Tổng Cục Thống Kê（2018）をもとに筆者作成

## 4. ともに学ぶ学習形態の実態

　実は、ハノイ市等ではともに学ぶ学習形態を認める学校の教育が必ずしも質の高いものとはなっていないことが指摘されている（2013年9月5日実施ベ

トナムの特殊教育研究機関副所長へのインタビュー調査）。これに加えて、学校によっては一緒に学習する形態がとられていても、ほとんど支援がおこなわれずに、障害のある子どもが教室にいるだけの状態になっている場合がある。

　例えば、ハノイ市に隣接するホアビン省で7歳の息子を近隣のV小学校に通わせている30歳の母親（2014年調査時点）は次のように語る。「V小学校は通常の子どもに教えるという点ではとても良い学校です。しかし、うちの子は知的発達に遅れがあるために、形式的に勉強しに学校に行っているにすぎません。子どもは学校で何もできません。座っているだけで何も学べていないんです。子どもはただ座って授業に参加しているだけです。つまり、座って聞いているだけで、評価も採点もされないのです」という。一方、都市部のある学校では、障害のある子どもを受け入れてはいるものの担任によってその対応が異なる。ハノイ市で10歳の息子を小学校に通わせている44歳の母親（2014年調査時点）は、息子が自閉スペクトラム症であるため1年生から3年生までは担任と緊密に連絡を取りながら、子どもを就学させていた。しかし、4年生からは担任が替わり、その子どもが授業中に少しでも立って歩くと、母親にすぐ連絡が来て、連れて帰るように指示されるようになったという。また、母親が、希望を出して子どもを前の席に座らせてもらっていたが、その一か月後には教室の後ろの席に移動させられたうえ、通常であれば週5日通学するところを週3日の通学に制限されるようになったという。

## 5. 教育疎外の問題を考える視点

　ベトナムにはいまだ学校にアクセスできない子どもがおり、そうした子どもの就学を保障することが求められる。また、障害のある子どもが他の子どもと同じ学校で学ぶことは望ましいことでもあるだろう。しかし、ベトナムにおいては学校への就学が必ずしも教育機会の保障につながっているわけではない。むしろ形式的に就学しているからこそ問題が見えなくなっている状況がある。つまり、「座っているだけで何も学べていない」子どもは非就学者の数値には表れてこないし、学校側が通学を制限させる点で中退のリスクにさらされていると判断されるかどうかもわからない。しかも、こうした状況において、学校に期待がもてなくなった一部の親は、学校よりむしろ民営センターや私営学級に障害のある子どもの教育機会を求める場合さえある（白銀、2018）。

民営センター①　　　　民営センター②　　　　私営学級

　「学校に行けない子ども」への着目は質の高い教育の達成において意義の あることである。しかし、非就学者や中退者が数値上では減少しているよう に見えても、問題のあり方は変化してきており、それと同時に問題そのもの も潜在化し、教育疎外の実態を把握することがより難しくなっている。した がって、「学校に行けない子ども」をめぐる教育疎外の問題を理解するにあ たっては、把握しやすい数値を見るだけではなく、複数の要因がどう交差し、 そのなかで子どもはどのように就学しているのかを含めて検討する視点が 求められるといえるだろう。

センター①　　　　　　　　　センター②

＊センター①②は政府の非教育部門が管轄している。

## 引用文献

Ban Chỉ Đạo Tổng Điều Tra Dân Số và Nhà ở Trung Ương. (2019). *Tổng Điều Tra Dân Số và Nhà Ở Thời Điểm 0 Giờ ngày 01 tháng 4 năm 2019 Tổ Chức Thực Hiện và Kết Quả Sơ Bộ.* Hà Nội: Nhà Xuất Bản Thống Kê.

Bố Gáo Dục và Đạo Tào. Retrieved March 17, 2022 from https://moet.gov.vn/Pages/home. aspx.

白銀研五 (2018)「第11章　ベトナムにおける障害児教育の特色－ホアニャップ教育

をめぐる学校外の活動に着目して－」村田翼夫編著『東南アジアの教育モデル構築－南南教育協力への適用－』学術研究出版、pp.195-215.

Tổng Cục Thống Kê.（2018）. *Việt Nam Điều Tra Quốc Gia Người Khuyết Tật 2016*. Hà Nội: Nhà Xuất Bản Thống Kê

Tổng Cục Thống Kê.（2020）. *Kết Quả Toàn Bộ Tổng Điều Tra Dân Số và Nhà Ở năm 2019*. Hà Nội: Nhà Xuất Bản Thống Kê..

UNESCO Institute for Statistics Retrieved March 17, 2022 from http://uis.unesco.org/.

UNESCO.（2017）. *Situation Analysis of Out-of-School Children in Nine Southeast Asian Countries*. UNESCO Bangkok Office.

Viet Nam General Statistics Office and UNICEF.（2021）. *Viet Nam Sustainable Development Goal on Children and Women Survey 2020-2021, Key Indicators*. Ha Noi: General Statistics Office.

第2章

# 第2章

# ラオスにおける学校に行けない子どもたち（OOSCY）
## ──格差是正につながる新たな学びへの展開──

乾　美紀

## 1 ラオスの国と教育

### (1) ラオスの経済成長と SDGs

　ラオスは周囲を中国、ベトナム、カンボジア、タイおよびミャンマーの5か国に囲まれた内陸国であり、面積は約24万㎢、人口は約710万人である。日本の本土と同様の面積の土地に埼玉県ほどの人口が居住していると表現すると人口密度の低さを想像しやすいだろう。しかしながら、国土の80％以上が山地や高原に属していること、フランス植民地時代（1893-1954）にフランスが内陸国であるラオスの開発を重んじなかったこと、その後の内戦や政権交代の混乱により政治・経済が安定しなかったこと、モノづくりの技術が進歩しなかったなどの理由で各種産業の発展が遅れていた。近年は、着実に経済成長を遂げ、2016年までは過去5年で平均7％を超える経済成長率を達成しており、2017年以降も6%以上の成長率を達成してきた。それ以降、経済成長率は下降しており、2020年は新型コロナウイルスの影響で3.3％まで下がっている。スックニラン（2021）は、成長率が低下を続けた主な理由として、中国やタイなどの主要貿易相手国における経済成長の減速やラオス経済の脆弱性、慢性的な財政赤字、頻発した自然災害、建設中のダムの決壊、そしてコロナウイルスを挙げている。世界銀行によると、ラオスの一人当たりのGDP（2021）は約2,630ドルであったが、世界ランキングは119位であり、いまだ開発途上国に位置付けられている。

図2-1　ラオス独自の18番目のゴール「不発弾撤廃」

　ラオスは、他の国連加盟国とともにSDGsに賛同し、それを国内の計画や政策に盛り込むための努力を続けてきた。これまで国連がラオスに配分してきた総額は4億490万ドルである。その中でも特にSDGsを達成するために重点的に予算を配分してきた分野は、目標2の「飢餓をなくそう」(41.3%)、目標3の「すべての人に健康と福祉を」(12.9%)、などである[1]。ただし、いまだSDGsの達成ランキングは116位であり、GDPの世界ランキングとほぼ同様の位置づけにある。またラオスが目指す目標は、SDGsの17の目標に収まりきるものではない。ラオスは1964年から約10年間にわたる第二次インドシナ戦争で世界史上最も激しい空爆を受け、約200万トンの爆弾を投下されたと言われている。その結果、現在でも国内に不発弾が残っている。未だ内戦の詰め跡が残っていることもラオスの発展を妨げる一因なのである。そのため、ラオスで独自の18番目のゴールとして「不発弾撤廃」が新たに加わっていることが特徴である。

## (2) 主要産業に関する近年の動向

### 1) 主要産業発展の陰に見られる貧困のジレンマ

　ラオスの主要産業は農業（農作物、コーヒー）、鉱物資源（銅・すず）の輸出入や水力発電による売電、林業による輸出、サービス業（卸売小売・修理、ツーリズム）などが挙げられるが、強い経済基盤を形成できるほどの産業はない。世界遺産を3つ有することから近年はツーリズムも主な産業のひとつであったが、コロナウィルスによる渡航制限により大きな影響を受けている。また、主要な市場であるタイ・ベトナムの縮小と中国市場の開拓の遅れが2016〜2020年度までの外国人入国者数の減少を招き、その結果サービス業の成長の鈍化をもたらしたといえる（スックニラン2021）。

　国民の間では所得の差異や貧困の格差が見られる。たとえば首都ビエンチャン近辺はメコン川流域の低地に位置し、産業が発展しているため工場などで就労しやすいが、北部の山岳地帯や南部の農村地では収入が限定されている。この格差は県別の貧困の動向に如実に表れている。Lao Statistics Bureau (2020) によると、首都ビエンチャンの貧困率は5.0%であるが、北部ルアンパバン県では20.4%、南部セコン県では30.6%にものぼっている[2]。また民族別にみても、多数派民族（ラオ・タイ）の貧困率は10.6%であるのに対して、少数民族のモン・ミエンは38.4%、モン・クメールは32.7%と高い比率が見られる。これらの格差は就学状況にも影響を及ぼしている。

### 2) 企業誘致による経済効果の期待

　次に、このような厳しい状況をラオスがどのように打開しようとしているのかについて述べていきたい。近年、ラオスでは中国の「一帯一路」の影響を受けて両国を結ぶ高速鉄道が建設されたり、国内で特別経済区 (Special Economic Zone：SEZ) が建設されたりしていることが大きな特徴である[3]。特に鉄道はラオスを経てタイ、マレーシア、シンガポールまでを結ぶ構想があり、東南アジアに進出する中国の影響力がいっそう強まっているのである。2021年12月には悲願の高速鉄道が開通し、ラオスの首都ビエンチャンと中国雲

南省の省都・昆明 (約 1,000 キロ) が結ばれたところである。この鉄道によってラオスは「Land locked Country から Land Linked Country」へ、すなわち、「陸に閉ざされた国から陸で結ばれた国」へと転換すると強調した。ラオスが鉄道に期待するのは近隣諸国へのアクセシビリティを改善することでもたらされる貿易量の増加による貨物収入である。農業分野も中国の影響を受け、中国人が経営する部品工場、バナナやカボチャなどの契約農園も建設し始めている。しかしラオス市民からは「中国化」を不安視する声も上がり始めている。

　もう一つの近年の特徴は他のアセアンの国々と同様、生産から流通・販売に至るサプライチェーンを展開していることである。ラオスでは、国内において量産・組立工場の設置は行わず、近隣のアセアン諸国と拠点を結んで組み立てから流通まで国境を越えて行うというグローバル・サプライチェーン (Global Supply Chain) を展開しようとしていることが特徴である。

## (3) 産業構造が教育分野に与える影響

　ラオスの教育制度は、就学前教育 (1-3 年)、初等教育 (5 年)、前期中等教育 (4 年)、後期中等教育 (3 年) で、その後に職業技術教育、教員養成機関、大学が続いている[4]。この中で、初等教育および前期中等教育が義務教育である。

　近年の産業構造の変化がラオスの教育制度にもたらしている変化は大きく 2 つある。まず中国語の学習熱が高まっていることである。中国の存在感の高まりが影響し、就職に有利になる中国語を習得しようと、公立・私立、教育機関の段階を問わず中国語の学習熱が高まっている。公教育にも中国の影響が見られ始めたという動向には今後注目すべきである。

　次に、重点分野が初等教育から職業・技術教育に移行しつつあることである。この理由は国外の企業誘致によりサプライチェーンが展開され、部品の生産などのニーズが高まることを見越した結果である。EU のラオスに対する次期支援方針 (2021-2025) のうち、教育分野の支援は 6 つの優先セクターに入っており、その中でも職業・技術教育に重点が置かれる予定である[5]。産業人材の育成により、貧困削減につながる効果が見込まれる。

　このようにラオスで経済の発展が期待され、産業構造の変化が教育分野に
も影響を与えている中で、なぜ学校に行けない子どもたちがラオスで発生し
ているだろうか、そしてどのような支援が行われているのだろうか。これら
のことについて次章で述べていきたい。

## 注

1　これまで国連がラオスに配分してきた総額は 4 億 490 万ドルである。ラオスに
　おける SDGs に関する情報は以下を参照 (https://laopdr.un.org/en/sdgs)。

2　貧困の定義は一日の収入が 1 ドル以下の状況を示す (Lao Statistics Bureau 2021)。

3　地域や国全体の経済発展の推進を目的に、他の地域とは異なる税制上の優遇措
　置や規制緩和など特別な措置を設けられた特定の地域のこと。ラオスには現在
　12 ヶ所ある。

4　就学前教育の年数は地域によって異なり、児童が少ない農村部は 1 年間、児
　童が多い都市部では 3 年間など幅が見られる。大学は専門性によって異なるが、
　通常 4 年間である。

5　European Partner Reaffirm Support for Laos's Development Efforts, *Vientiane Times*（2021
　年 2 月 18 日）

## 参考文献

Lao Statistics Bureau［ラオス統計局］(2020) *Poverty in Lao PDR : Key findings from the Lao Ex-
　penditure and Consumption Survey, 2018-2019.*

ケオラ・スックニラン (2021)「ラオス人民革命党第 11 回大会——第 9 次 5 カ年計
　画の方向性：IDE スクエア 世界を見る眼」日本貿易振興機構アジア経済研
　究所 .

世界銀行 (https://data.worldbank.org/indicator/NY.GDP.PCAP.CD?locations=LA) 2021 年
　12 月 11 日アクセス

## 2 本　論

## はじめに

　ラオスにおける OOSCY の問題は、OOSCY という言葉が存在しなかっ
た 1980 年代頃から国際機関や研究者により指摘され、議論され続けてきた。
ラオスは 1990 年に「万人のための世界教育会議」に参加し、Education for All
に賛同してから特に初等教育の普遍化に力を入れ、国際社会から教育支援
を受けた結果、初等教育の就学率は 91.7％まで上昇している (UIS 2020)。し
かし、あと 8％余りの OOSCY を削減できない状況にある。つまり約 40 年
間にわたって取り組んできたが、完全に解決することができない歯痒い問
題として残されているのである。
　この理由については、長年 OOSCY の対象とされてきた地方の貧困コミュ
ニティの子ども、少数民族、女子 (World Bank 2016; UNESCO 2017) の就学状況
が一向に改善しないことが原因である。筆者がラオス各地の教育現場を断続
的に 20 年以上観察してきた限り、男女格差は改善されてきているが、地方
(特に少数民族が住む山岳地帯) と都市で大きな地域間格差が残っている。地方
の少数民族の問題を解消しない限り、ラオスから OOSCY をなくすことはで
きない。また少数民族以外の OOSCY の存在を明らかにする必要もある。
　本章の目的は、これらの状況を踏まえ、ラオスにおける OOSCY の政策と
現状について、地域間格差を切り口として明らかにすること、および学校に
行けない子どもへの教育協力ネットワークがどのような変化を見せているの
かを検討することである。本章は以下の構成により成り立つ。
　第 1 節では、ラオスでこれまで OOSCY がどのように捉えられ、それらを
対象に、格差を生み出す要因が何であったかを明らかにする。第 2 節では、
アセアン宣言の 7 つの原則に注目し、これらがラオスでどの程度達成されて
いるか現地調査をもとに検討する。そして第 3 節では、OOSCY をめぐる教
育協力ネットワークがどのように展開されているのか、それに対して OOS-

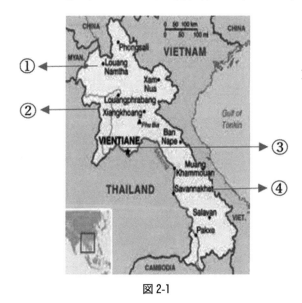

図 2-1

CY に近い現場レベルではどのような方策が見出されているのか明らかにする。

　本章で扱うデータは次の 2 つである。まずこれまで筆者が現地調査 (主に 2018-2020) 等で得た統計データ (国勢調査、各種教育データ) である。次に現地で実施したインタビュー、学校の参与観察の結果を用いる。現地調査を行った地域は、①ルアンナムタ県、②ルアンパバーン県、③ビエンチャン都 (首都アセアン) ④サワナケート県の 4 ヶ所である (**図 2-1** 参照)。

　インタビュー対象者は調査地によって異なるため**表 2-1** に記す。表には記

表 2-1　調査地およびインタビュー対象者

| 地域 | 調査地 | インタビュー対象者 | 主な質問 |
|---|---|---|---|
| 北部 | ①ルアンナムタ | 県教育スポーツ局、教員、村人 | 地域独特の OOSCY の問題 |
| | ②ルアンパバーン | 県教育スポーツ局、郡教育スポーツ事務所、教員、村人 | |
| 中部 | ③ビエンチャン | 教育スポーツ省、国連機関、国際援助機関・国際NGO/NPO など | OOSCYに対する教育支援プロジェクト |
| 南部 | ④サワナケート | 県教育局、村人、県労働福祉局 | |

していないが、宣言の詳細や OOSCY に対する教育協力についての現状を知るためユネスコの職員（バンコク事務所）にもオンラインでインタビューを実施した。

## 1. OOSCY に対する教育政策と背景にある要因

### (1) 繰り返し目指された教育機会の拡大

　前述したように、ラオスでは長年にわたって OOSCY の問題が議論され続けていた。初等教育を義務化する首相令 (1996) が公布された当時の純就学率は 68.5％であった。そのため「2010 年および 2020 年までの教育戦略ビジョン」(2000) では、特に少数民族と女子に教育機会を提供することが目指された。この頃から国際的な教育協力プロジェクトが増加し、少数民族の居住地で学校建設や教員訓練が始まった。その成果もあり、2000 年には純就学率は 80.0％にまで上昇し、初めての教育法も公布された。当時、政府が発表した「国家行動計画 2003-2015」では、教育のアクセス、質、教育マネージメントに焦点が当てられ、FTI (Fast Track Initiative: 援助の対象を絞り軌道に乗せる対策) において、少数民族、女子、貧困家庭を対象に教育機会を提供することを目指した結果、2007 年には就学率が 84.5％にまで上昇した。当時、発表された「教育セクター開発フレームワーク (2009- 2015)」では、教育の質や効率性、教育マネージメントの改善についても目標とされ (Ministry of Education 2009)、その後、「インクルーシブ教育に対する国家政策 (2011-2015)」において、女子、少数民族、障がいのある子どもに焦点が置かれた。続く「教育セクター開発計画 (2016-2020)」では、質の高い教育、公正なアクセスなどを目指した実践が取り組まれ (Ministry of Education and Sports 2015)、OOSCY はラスト 8％余りという段階に至っている。

少数民族の衣装を着た子ども達　　　　　　　モン族の子ども

## (2) 隠れた OOSCY の存在と教育格差を生み出す原因

　ユネスコの報告 (2019) によると、ラオスにおける OOSC の数は 55,667 人である。筆者が国連機関、教育スポーツ省などでインタビューしたところ、学校に行けない子どもの主な対象は、これまで報告されてきた通り、貧困家庭、地方の居住者、子どもの労働を必要とする少数民族、親が教育の必要性を感じない家庭の子どもなどであった。また他の援助機関の職員も、山岳地帯に住む少数民族は結婚が早く、結婚して学校を辞めてしまうため、OOSCY になりやすいと述べた。しかし国際機関のプロジェクト担当者に尋ねると、障がいのある子どもや移民（越境労働者）の子どもも OOSCY になりやすいが、そもそも存在が見えにくいためにカウントされていないこと、実際その子どもたちも含めれば、2020 年の数 (55,667 人) を大きく上回ることが分かった。つまり OOSCY の数字は公表されてはいるが、いまだ定義や測り方が曖昧であり、他に多数の隠れた OOSCY が存在するのである。

　それでは、この背景にはどのような要因があるのだろうか。教育機会の性差については、教育が仏教徒の男子のみに限定されていたこと、そのために女子は伝統的に教育を受けることができなかったこと (Faming 2007) が影響している。2020 年の純初等教育就学率 (91.7%) のうち、男子は 92.5％、女子は

91.0％（UIS 2020）であるので性差は改善されているが、ルアンパバーン県で
インタビューをした教員によると、伝統的な少数民族の村ではいまだ男子の
方が教育を優先される傾向がある。

　地域間・民族間で教育格差が生じる要因については、少数民族のほとんど
が山岳地帯に住んでおり現金収入が限られているために貧困に陥りやすい、
少数民族はそれぞれの母語を使っており、学校入学時に公用語（教授言語）の
ラオス語の理解が難しい、両親の農業を手伝うためにきょうだいの面倒を見
なければならない習慣があるなどが挙げられる（King & van de Walle 2007; World
Bank 2016; UNESCO 2017）。しかしながら、これらの見解は主に 1990 代に指摘
されてきた、女子や少数民族への資源配分が少ないという報告（Peters 1998;
Thant and Vokes 1997）とさほど変わらないことが特徴である。

　近年の OOSCY に関する研究を概観すると、通学にかかる費用が高く中
途退学する、少数民族は教育に関心がなく女子は家事に従事している（World
Bank 2016）など、通学の方法や教育への考え方に言及する報告がみられる。
また、児童婚や児童労働のために学校から疎遠になるとも指摘されている
（Xayavong & Pholphirul 2018; UNESCO 2017; 伴・乾 2018）。ルアンナムタ県でインタ

水汲みを手伝う　　　　　　　　きょうだいたちの面倒をみる

少数民族（モン）の村　　　　　　　農業で生計を立てる

ビューをした村人や教員によると、幹線道路に近い村では早婚の習慣がなく
なりつつあるが、道路を持たない孤立した少数民族の村では、いまだ15歳
くらいの女子が結婚して学校を辞める習慣がみられるという。

　Fry ら（2018）が指摘するように、限定された資源を考えると、国内に平等
な教育機会を提供することは難しいが、地域格差をなくすことは子どもが持
つ潜在能力や才能を発揮する機会をもたらすことになる。また、OOSCY を
教育していくことは、経済的な利益を得ることや市場経済とは関連しない利
益を生み出すことにもつながる（Coulombe et, al. 2016）。従って、本研究の目的
に則し、地域格差について明らかにしたうえで、OOSCY への支援について
の新しい方策や学びのあり方を見出すことは重要である。

## 2．アセアン宣言の達成度に関する現地調査

### (1) 教育のアクセス

1) データに見る地域間格差

　第2節では、ユネスコが設定したアセアン宣言の原則に注目し、これらが
ラオスでどの程度達成されているかを検討する。

　まず宣言を4つの原則に整理したうちの「アクセス」についての達成度を
みるために OOSC の状況を概観すると、県別に大きな差異があることが明

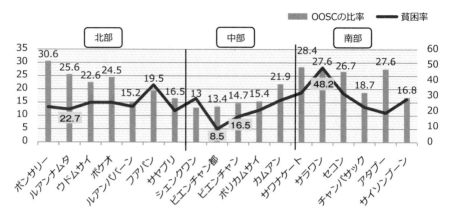

**図 2-2　各県における OOSC の比率と貧困率**

出典) Coulombe et al. 2016 をもとに筆者作成。

らかになった。**図 2-2** は各県における OOSC の比率と貧困率を示している
が、図を見て明らかな通り、北部や南部の県で OOSC の比率が高く、首都
(ビエンチャン都を含む) を囲む中部での比率が低い。たとえば OOSC の比率
は、北部のポンサリー県 (30.6％)、南部のサワナケート県 (28.4％)、サラワン
県、アタプー県 (いずれも 27.6％) では 30％前後であるが、中部のビエンチャ
ン都 (13.4％)、ビエンチャン県 (14.7％)、ボリカムサイ県 (15.4％) では、比較
的低い数字を示している。

　OOSC の比率と貧困率を重ね合わせてみると、ある程度相関性が見られる。
たとえば貧困率が全国で最も低いビエンチャン都 (8.5％) では、OOSC の比
率が最も低い (13.4％)。首都郊外に位置するビエンチャン県も同様に、貧困
率 が 16.5％と全国で 2 番目に低く、OOSC も 14.7％と低い。一方で、貧困率
が 48.2％にものぼるサラワン県では、OOSC も 27.6％と高い数値を示してい
る。これらのことは、国連機関、援助機関の職員が、OOSCY の特徴について、
貧困家庭や北部や南部など地方居住者であると指摘していたことと一致して
いる。

　また初等教育や前期中等教育の就学率にも地域差があり、教育レベルが高くなるほど地域に差異が見られる。**表2-2**は県別の就学率を示した最新のデータ（2015）である[1]。表に示す通り、初等教育の純就学率は県によって大きな差異がある。前期中等教育の就学率においてもビエンチャン都（92.4%）、ルアンナムタ県（73.1%）、サワナケート県（58.8%）では異なる数値が見られ、地方の就学率が低いことが分かる。

## 2）峻険な地形、予算不足によるアクセスの悪さ

　現地調査において、教育アクセスが悪い理由を比較検討した結果、地域別に違いが見られた。まず北部ルアンナムタ県教育スポーツ局の職員や教員によると、少数民族が住む峻険な山岳地帯では通学が困難であること、学校を建設する予算が不十分であることが主要な理由であった。また南部サワナケート県の労働福祉局によると、県内には農業に適した土地が少ないうえ貧困家庭が多く、親が子どもに教育を受けさせるよりも労働を手伝うことを優先させることから教育へのモチベーションが低い。実際に現地を訪れると、気温が高く、痩せている土地が連なっていた。また都市部から離れると峻険な地形が続き学校へのアクセスが困難である様子が見られた。このような土地では学校に行くことが負担となるため、女子、貧困家庭の子どもがOOSCYになりやすい。また前述のインタビューでOOSCYの対象とされた障がいのある子どもの場合はさらに不利な状況に陥っており、ほとんど学校に行くことができていない状況である。

表2-2　調査県における純就学率およびOOCSの比率（2015）

| | 初等教育（純就学率） | 前期中等学校就学率（総就学率） |
|---|---|---|
| ルアンナムタ | 72.2 | 73.1 |
| ルアンパバーン | 81.9 | 84.2 |
| ビエンチャン | 80.5 | 92.4 |
| サワナケート | 68.3 | 58.8 |
| ラオス平均 | 75.2 | 74.4 |

出典）Coulombe, Epprecht, Pimhidzai,Vilaysouk, 2016。

山岳地帯学校までの道のり　　　　ルアンパバンの聴覚支援学校

　筆者の聞き取りによると、国内に肢体不自由の子どもが通学する特別支援学校はなく、視覚に障がいがある子どもの学校が2校（ビエンチャン）、聴覚に障害がある子どもの学校は2校（ビエンチャンおよびルアンパバン）のみである。教育スポーツ省はこの事態を打開するために、現在数々の国際機関と連携を進めているが、コロナ対策による教育予算不足も影響し時間を要すると推定できる。

　学校の校舎不足だけではなく、教員不足も教育へのアクセスを限定している。教育スポーツ省職員によると、予算不足のために教員の数が限られており、2022年6月現在、7,693人がボランティア教員として勤務している[2]。ボランティア教員によると、教員養成学校を卒業したばかりの有資格者が多く、無償で働いている。ボランティア教員は、数年後に正規採用されることを期待して熱心に勤務しているが、収入がないために副業に従事している教員も多く、そのことが教育の質にも大きな影響を与えている。

## (2) 継続性

### 1) 低い残存率と中途退学率

　継続性はアクセスと深く関連する。継続性について検討する場合、「中途退学や留年なく教育を継続できているか」ということに注目する必要がある。

調査の結果、アクセスと同様に継続性についても達成が困難であることが分かった。**表 2-3** に示すように、初等教育における残存率はビエンチャン都では 93.7％にのぼるが、北部のルアンナムタ県では 87.0％、サワナケート県では 70.4％、と国内でも差異がある。残存率の低さは完全学校の不足が深く関係しているだろう。

### 表 2-3　県別の残存率 (2020) 及び中途退学率 (2015)

| | 残存率（初等教育） | 中途退学率（前期中等教育） |
|---|---|---|
| ルアンナムタ県 | 87.0 | 6.2 |
| ルアンパバーン県 | 81.1 | 6.4 |
| ビエンチャン都 | 93.0 | 3.9 |
| サワナケート県 | 72.2 | 8.3 |
| ラオス全体県 | 78.3 | 6.3 |

出典）Lao Statistics Bureau 2000 および Lao EDU Info, 2015
（前期中等教育の中途退学率は 2000 年の教育統計には掲載されていない）

　児童が全ての学年を持たない不完全学校に在籍している場合は、別の村の学校に通うことになるため、中途退学をするケースが多い。
　また前期中等教育の中途退学率にも差異がみられる。中途退学の傾向は前期中等教育で顕著といえる。たとえば、表 2-3 に示す通り、ビエンチャン都では中途退学率が低い (3.9％) のに対して、南部 (サワナケート県) や北部 (ルアンナムタ県、ルアンパバーン県) では 6％以上という比率を示している。
　なお留年率は大幅に改善されており、2020 年度の初等教育の留年率 (全国平均) は、2.4％である (Lao Statistics Bureau 2020)。この理由は、児童が留年することによりかかる経費を抑えるために、極力留年をなくす政策をとるようになったことが影響している。

### 2）北部と南部で教育継続困難な理由
　次の数字 (**図 2-3**) は、ルアンナムタ県における中途退学者数 (2014-2020) である。退学者の数は初等教育では減少傾向が見られるが、前期中等教育の退

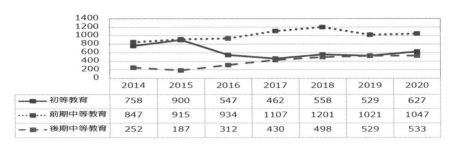

| | 2014 | 2015 | 2016 | 2017 | 2018 | 2019 | 2020 |
|---|---|---|---|---|---|---|---|
| ■ 初等教育 | 758 | 900 | 547 | 462 | 558 | 529 | 627 |
| ■ 前期中等教育 | 847 | 915 | 934 | 1107 | 1201 | 1021 | 1047 |
| ■ 後期中等教育 | 252 | 187 | 312 | 430 | 498 | 529 | 533 |

**図 2-3　初等・中等教育段階における中途退学者数**

出典）ルアンナムタ県教育スポーツ局提供データ。

学者数は近年 1,000 人を超えている。後期中等教育では中途退学者の絶対数は少ないものの増加傾向が見られる。なお全教育段階において 2020 年度の中途退学者数が最も多い理由は新型コロナウイルスの流行が原因と考えられる。

　県教育スポーツ局の担当者によると、近年中等教育における中途退学率は 7％程度であり、特に中学 1 年生と高校 1 年生の学年末段階で中途退学者が多いという。

　同局によると、2019 年度の全教育レベルの中途退学者 (2,000 人以上) のうち、中学 1 年生が 373 人、高校 1 年生が 237 人であった。つまり全退学者の約 3 割がこれらの学年に集中しているのである。この理由について尋ねてみると、入学の登録はするが、いざ通学してみると学年が高くなるにつれて勉強が難しくなってしまうことや、学校までの距離の遠さや通学の厳しさから 1 年程度で辞めてしまうという。また小学校の中途退学者は 5 年生が最も多いことも分かった (2019 年度は 124 人)。これは、前述したように不完全学校が多いうえ、高学年を持つ学校がある村までが遠すぎることに起因する。

　またサワナケート県では別の兆候が見られた。同県の西部はメコン川をはさんでタイとの国境に位置しており、タイへの入国が容易であるため、越境労働者が多い。村人や同県労働福祉局にインタビューしたところ、タイの最低賃金はラオスの 3 倍であることから、学校を辞めてタイに移住して働い

峻険な山地に佇む村

複式学級のクラスが多い

たり、朝、対岸のタイまでボートで渡り農業をして夕方戻ってきたりする
OOSCY が多い。これらの中には学校に在籍したままで越境による日雇い労
働をこなす子どももいるため、正確な数を数えることができないことも明ら
かになった。

　さらに首都では、登録費（授業料の代わりに払う費用）の高さから中等教育を
継続できない生徒が増えている。ビエンチャン都で活動する援助機関の代表
によると、首都では登録費が高騰しており、中学校で年間約 4,000 円、高校
で 40,000 円程度の金額を設定している公立学校もあるという。この額があ
まりにも高いため、登録費を支払えない家庭の子どもは学校を辞めてしまう
という。以上のことから、教育のアクセスと関連し、教育の継続性も達成で
きていないこと、継続できない理由は地域によって事情が異なることも明ら
かになった。

## (3) 教育の質

### 1) 教員不足がもたらす質の低さ

　教育の質については、「教師、カリキュラム、教材、教授法、評価などの
質の向上ができているか」という点に注目する必要がある。各地域で調査を
重ねているうちに、地域によって授業の時間割が異なることに気づいた。た
とえばルアパバーン県内の地方の村では週 30 時間（1 日 6 時間 × 5 日）授業を

しているが、都市部の学校では週35時間（1日7時間×5時間）も授業をしている。また地方の村ではほとんどが複式学級で運営されており、そのことも教育の質に影響を与えている[3]。教育スポーツ省職員によるとラオスにおいて3割の学校が複式学級である。

　鈴木（2015）によると、途上国では複式学級の実態が認識されていないことが多く、現場の教員やニーズについてほとんど検討されていない。従って教員は単式制度と自らの現実である複式学級の狭間でどうすればいいのかわからないまま一人で立ち向かわなければならないのである。この様子がまさに参与観察で見られたので次に記したい。

### 2）複式学級における参与観察

　筆者はルアンナムタ県の小学校を2019年3月、2020年1月に訪れ、繰り返し授業を観察した。この学校は町の中心部から10キロ程度離れた完全学校で、児童の数は38名、教師は2名であった。教室は2つあり、ひとつの教室で2学年（1年生10人、2年生8人）、もうひとつの教室で3学年（3年生8人、4年生8人、5年生4人）が複式学級の形態で学んでいる。

　ある日、算数の授業を観察したところ、まず教師は3年生に「これから計算をして下さいね」と計算式を5問ホワイトボードに記した。そして黒板を見て「この分数の式がなぜこうなるか分かるよね」、「この空欄（四角）に数字を埋めて下さいね」という指示を出した。その間、後方に座っている4、5年生は待つだけであった。教員によると、全ての学年を担当しなければならないという。

　次に、教員は4年生の集団に移動し、5問程度計算問題を板書した。そして、5年生の集団に移動し、同様に5問程度板書して、問題を解くように説明した。教員はその後、10分ほど教室を離れて職員室方向に向かい、用事を済ませて戻ってきたのち各学年の集団に戻り、各学年で5分程度答え合わせをしただけであった。すなわち、児童は1時間の授業（40分間弱）に教員と10分程度対面で接したのみであり、5問だけを解く作業を行うことにとどまってい

**3、4年生の子どもたちが同じ教室で勉強する**

た。この状況下では指導時間が極めて限られているうえ、問題を解く時間や学習内容の理解は不十分である。教員は教え方に試行錯誤していると答えた。この観察の結果、特に教員不足が続く地方で十分な学習時間を設け、訓練の機会を与えたうえで教育の質保証を達成することには相当の課題が残っていることが推定できた。

　小野（2021）によると、既にラオス政府は教育協力 NGO の SVA（シャンティボランティア協会）や BEQUAL（後述）などの専門機関によるプロジェクトにより複式指導や運営技術の導入を検討している。しかし、そのような場合でもラオスの伝統や文化に根差した価値感を反映した教育スタイルを確立することが前提であると述べている。

### 3.　柔軟性──教育協力ネットワークによる OOSCY への支援

#### (1) アセアンレベルによる教育協力の取り組み

　これまで検討してきたアセアン宣言の中で、教育のアクセス、継続、質についてはどれも達成できていないことが明らかになった。しかし、4つ目の

原則である柔軟性、つまり「ノンフォーマル教育、職業教育などによる生涯学習ができているか」という点では、教育協力ネットワークにより可能となっている。

ユネスコ（バンコク事務所）職員によると、OOSCY への教育支援について、アセアン域内ではマレーシアがデータ分野、モニタリングシステムで協力する仕組みができている。その他にもタイ政府がアドボカシーや行政官の能力開発の面で協力することが決まっている。

同時にアセアン域内外で進行しているのは、森下稔氏（第 5 章）の論稿で述べる EEA（Equitable Education Alliance）である。この他、アセアン域内では特に VCLM（ベトナム、カンボジア、ラオス、ミャンマー）の OOSCY を支援する IAI（Integration ASEAN Initiative）が計画されており、韓国が 7 億円の出資をしており、このうち 1 億円が教育に使われる予定である。

しかしながら、調査を進めるにつれてタイやマレーシアを中心とする広域な支援ネットワーク支援は巨額の予算が投資されるが、支援範囲が広すぎるため効果が見えにくいことに問題があることが判明してきた。特にコロナウイルス感染拡大後は国境間の移動さえ難しくなっており、国境を越えた支援が中止されている。また広域な支援ネットワークでは、活動を多機関で行おうとするあまり、アライアンス（同盟）を作ることに尽力をし、本当に必要な OOSCY が救われているのか効果が見えないという懸念が可視化されてきた。

## (2) ラオスにおける国際機関の取り組み

ラオス国内では国際機関や NGO が OOSCY に多様な教育プログラムを展開している。たとえばユネスコは OOSCY への支援として、Primary Equivalency Program を提供している。このプログラムは初等教育の 1、2 年生の中途退学者には 1 年間、3、4、5 年生の中途退学者には 2 年間の教育を施して、初等教育を修了する機会を与えるものであり、2 万人が登録している[4]。近年、ラオスの教育支援で欠かせないプロジェクトは、BEQUAL（Basic Education Quality and Access in Lao PDR）である。これは 10 年間（2015 年－2025 年）にわたる

プロジェクトで、ラオス教育スポーツ省、AusAid（オーストラリア国際開発庁）と EU が中心となり、学校建設、教科書の改訂、地方の行政官の能力育成などを実施している。特に対象としているのは、女子、障害のある子ども、地方に住む少数民族などで、同プロジェクトはインフラ整備に限らず、教員の指導計画、モニタリングなどソフトの面でも活動しており、今後も教科書の改訂、カリキュラム開発を行う予定である。

　このように、現在ラオス国内では教育協力ネットワークを中心に教育支援が進行していること、その方針として OOSCY を公教育に戻すこと、そして学校教育の範囲内で OOSCY への支援を行っていることが明らかになった。

## (3) 地方レベル（県・郡）による取り組み

　現地調査の結果、OOSCY の立場に近い地域レベルでは、国連機関や国際機関の計画とは異なり、OOSCY を公教育の中で支援するのではなく、ノンフォーマル教育、職業教育などの職業分野で生涯学習を行っていたのが特徴であった。

　たとえば、ルアンナムタ県の教育スポーツ局では、中途退学をした生徒のために約3ヶ月間の短期職業訓練を実施している。理由は、一度中途退学した子どもたちは学校に戻ることを望まない傾向があるためである。そこで、OOSCY に対して現金収入につなげる職業訓練（マッシュルームの作り方、養鶏、農業、機械作業）を無料で提供している。同局へのオンラインインタビュー（2022年6月）によると、訓練後はインターンとして就業し、正採用となって現金収入を得るものが多いという。

　またビエンチャン都では、日本の NPO が障がいのある子どもに縫製、機織りの技術などを伝え、利益につなげていた。いまだ障がいのある子どもは公教育で受け入れられにくいため、現金収入を得て生きる道につなげる活動を展開しているのである。

　さらに南部のサワナケート県では国際 NGO が教育省と連携して活動を行っていた。たとえば母体がドイツにある国際 NGO、DVV International は、

ノンフォーマル教育と職業教育に特化したプロジェクトを 2014 年より進めてきた。具体的には、県内で最も貧困とされる 2 つの郡を活動地とし、教育スポーツ省やラオス青少年同盟と連携しながらコミュニティ・ラーニングセンター（CLC）を設立するなどの活動を進めている。CLC では、主に貧困地区に住む若者を対象とし、識字教育や現金収入につながる職業教育（機織り、建設等）の伝達、コミュニケーション能力育成に取り組んでいる（DVV International 2018）。つまり、OOSCY に近い実際の現場では、OOSCY の将来を見据えたうえで、NPO や CLC など学校外の場所において新しい形の学びを見出しているのである。

機織りの作業を習う　　　　　　　　裁縫の技術を身につける

## おわりに

本章の目的は、ラオスにおける OOSCY の政策と現状について、地域間格差を切り口として明らかにすること、そして、OOSCY に対する教育協力ネットワークがどのような変化を見せているか明らかにすることであった。

第一に、OOSCY の現状について明らかになったことは、政府や国際機関による政策や実践にもかかわらず OOSCY を完全に削減できないこと、これまで対象とされていた以外の OOSCY の存在が確認されたことである。OOSCY の数が正確に測られていないこと、実態が分からないまま教育支援が先行していることも把握できた。またアセアン宣言の原則のうち、教育の

アクセス、継続、質が達成できておらず、柔軟性のみが教育協力ネットワークの力を借りて達成されていることが明らかになった。

　第二に、OOSCY に対する教育協力ネットワークが変化を見せていることである。研究を始めた当初、筆者らは OOSCY の削減には国際的な教育協力ネットワークが不可欠と考えていた。実際、研究を進めると、アセアンの域外を越えた枠組みができており、実際に多機関が連携している現実も見られた。しかし、OOSCY の定義が曖昧であったり見えにくい子どもが多数いたりするゆえに支援が届きにくいことを考えると、現在求められる連携の形は越境したものでもなく、多国間でもなくてもよいのではないかという結論に至った。それを立証するかのように、OOSCY に近い現場レベルでは、NGOや地方行政機関により、職業・ライフスキル教育など、多様化した柔軟性のある新たな学びが展開されていた。

　つまり、ラスト 8％の OOSCY を公教育に戻すというよりも、教育を受けないことにより生じる格差を是正するための新たな動きが広がっているということである。

　今後の OOSCY に対する支援の課題として以下のことがいえる。まず、以上の流れに則し、教育分野以外の分野との連携が必要である。どのような職業教育が可能か、現実にどのような労働機会を生み出すことができるか、何を保障していかなければならないかについても検討すべきである。次に、多様な教育のあり方を考えることである。OOSCY の現実的なニーズに合った新しい方策を模索するという発想に転換することは、OOSCY が生きる力をつけていくことに貢献する。今後の OOSCY に対する教育支援の課題として、公教育の枠を越える柔軟な教育形態を含めて、学校内外での公正で多様な学びを捉え直すことを検討していきたい。

## 注

1　2020 年度の教育統計調査は公開されているが、休校が続いたコロナ禍に調査が行われていたため正確さに疑問が残る。従って本稿では 2015 年のデータを扱う。

**2** 2016-2017 年には 12,000 人のボランティア教員が働いていた。現在は、政府が
ボランティア教員を減らす政策を取っているため、人数が減少している。(現地
週報 Vientiane Times:2022 年 6 月 20 日号)。

**3** 時間割の差異についての詳細は、乾美紀・原田雅也 (2021) を参照されたい。

**4** このための予算 (教員への給与) は教育スポーツ省ノンフォーマル教育局から
得ているが、将来的には公教育の予算で実現化することを目指している。

## 引用文献

Coulombe, H., Epprecht, M., Pimhidzai and O.,Vilaysouk, S. (2016) *Where are the poor? Lao PDR 2015 census-based poverty map : province and district level results*. World Bank Group.

DVV International. (2018) Lifelong Learning & Non-Formal Education in Lao PDR and Southeast Asia, Newsletter No.1.

Faming, M. (2007) "Schooling in the Lao People's Democratic Republic", Postiglione, G. A., Tan, J. (eds.) , *Going to School in East Asia*, Greenwood Press.

Fry, G., Bi, H. and Apahung, R. (2018) "*Regional Educational Disparities in Thailand*", Fry, G. (ed.) *Education in Thailand: An Old Elephant in Search of a New Mahout*, Springer.

King, E. M., and van de Walle, D. (2007) "Girls in Lao PDR: Ethnic affiliation, Poverty and location", Lewis, M. and M. Lockheed, M. (eds.) , in *Exclusion, Gender and Education: Case Studies from Developing Countries*. Center for Global Development.

Lao Statistics Bureau (2020) *Statistical Year Book 2020*.

Ministry of Education (2009) *Education Development Strategy Framework (EDSF 2009-2015)*.

Ministry of Education and Sports (2015) Education and Sports Sector Development (2016-2020) .

Peters, H. A. (1998) *Girls' and Women's Education Policies and Implementation Mechanisms; Case Study: Laos*, UNESCO Principal Regional Office for Asia and the Pacific.

Thant, M. and Vokes, R. (1997) " Education in Laos: Progress and Challenges" in *Laos' Dilemmas Options*, Than, M. and J. L. H. Tan. (eds.) St. Martin's Press.

UNESCO (2017) *Situation Analysis of Out-of-School Children in Nine Southeast Asian Courtiers*. UNESCO.

UNESCO (2019) *ASEAN Declaration on Strengthening Education For Out-of-School Children and Youth*. UNESCO.

World Bank. (2016) *Reducing Early Dropout and Low Learning Achievement in Lao PDR*. The World Bank.

Xayavong, T. & Pholphirul, P. (2018) "Child labor and school dropout in least –developed countries: empirical evidence from Lao PDR, *International Journal of Education Economics and Development*, Vol.9, No.1, pp.1-23.

乾美紀・原田雅也（2021）「ラオス山岳地帯における教育の質に関する研究―学校観察から見えてきた格差―」『兵庫県立大学環境人間学部研究報告』23 号、77-89 頁。

小野豪大（2021）「ラオスにおける僻地教育の特性と多文化性の課題」『へき地教育研究』76 号、pp.51-62. 北海道教育大学へき地・小規模校教育研究センター

鈴木隆子（2015）「解説：複式学級―途上国農村における教育普及の救世主？」エチレン・ブルンスウィーク、ジャン・バレソアン著；鈴木隆子訳・解説『途上国における複式学級』東信堂、ix-xix 頁。

伴遥奈・乾美紀（2018）「民族・地域間格差が生み出す教育格差―小学校におけるラオス少数民族の子どもたち」關谷武司編著『開発途上国で学ぶ子どもたち―マクロ政策に資するミクロな就学実態分析』関西学院大学出版会、159-181 頁。

BEQUAL Program, http://www.bequal-laos.org/（Accessed June 2020）

LAO EDU Info, http://www.dataforall.org/dashboard/laoeduinfo/（Accessed October 2021）

SVA（シャンティ国際ボランティア会）https://sva.or.jp/activitynews/laos220127/（Accessed June 26, 2022）

UIS（UNESCO Institute for Statistic（s UIS）, http://data.uis.unesco.org/（Accessed October 2021）

# 山の村の子どもたちを笑顔にしたい！
## 学生国際協力団体 CHISE（チーズ）の挑戦

北川愛夏（兵庫県立大学環境人間学部 4 年）

## 1．ラオスにおける CHISE の活動

　学生国際協力団体 CHISE は、「はいチーズ！世界に広がれピースの輪」を
モットーに、ラオスの貧困村に校舎建設や教育支援を行っています。2009
年に CHISE が設立され、現在は 11 期目のグループが活動しています。これ
までに、北部ルアンパバン県のホエイカン村・ホエイペン村・コックハン村・
プークー村の 4 つの村を支援してきました。小学校・幼稚園を合わせて 5 つ
の校舎を建設し、現在は 6 校舎目にあたる新しい支援先の視察に向けて準備
をしています。学校建設の際には現地の教育事務所、村人、教員などと何度
も話し合いを持ち、原則、建設費用を村と折半することにしています。

**CHISE の支援により完成した校舎（ホエイカン村）**

　私たちは、年に 2 度春と夏に実際にラオスを訪問し、支援先の村で約 1 週
間の活動をします。パンデミック前である 2020 年 2 月のスタディツアーを
最後に、現在はラオスの訪問はできていませんが、実際に私がラオスに訪
問した時には、支援先の村で大きく分けて「子どもたちの視野を広げる授業」

「村人・学校へのインタビュー」「校舎建設の手伝い」の3つの活動を行いました。「授業」では、運動会の実施や理科の実験、将来の夢を広げるゲームなど、様々な授業案を計画し、実践しています。「インタビュー」では、現地のニーズに寄り添った支援をするため、家庭での子どもの様子や学校の取り組みなどについて、保護者・校長先生・村長に聞き取り調査を行います。また、「校舎建設の手伝い」をすることもあります。2020年2月のスタディツアーでは、プークー村にて校舎の柱を運ぶ手伝いなどを行いました。このように、CHISE は現地の子どもたちと深く関わり、村のニーズに寄り添いながら支援を続けています。

運動会の様子

子どもたちとの現地交流

## 2. 地図にない村、プークー村での教育支援

　CHISE が 2020 年に校舎を建設したプークー村は、山岳地帯に位置しており、地図にはないような小さな村です。国道から四駆で 20 分ほど険しい山道を登ったところにモン族という少数民族が暮らしています。これまでに支援してきた村と比較しても、貧困度がかなり高いです。この村には、近くに中学校がありません。小学校を卒業すると、子どもたちは片道2時間7キロ離れた中学校に通わなければなりません。中学校までの道のりは険しい山道であり、四駆やバイクが必須な状況です。実際に 2020 年 2 月にプークー村を訪問し、四駆でこれらの道を通りましたが、険しい山道と砂埃に苦しみました。歩いて往復するには大変厳しい道のりであり、決して「通学路」とは言えない状況です。

　プークー村の周りは険しい山道のため、子どもたちは「通学」することが

できません。月曜日から金曜日は中学校の近くにある寮や親戚の家に泊まり、休日に親がバイクで迎えに来て自宅に帰る、という生徒もいます。そのため、中学校の近辺には寮や寄宿舎が多く建てられています。日本では、中学校に寮が隣接されていることはほとんどないため、この観点からも通学路の整備や学校の不足など、ラオスの貧困地域における教育課題を感じました。

　CHISE の活動では、2021 年春にオンラインにて中学校に隣接している寮を見学しました。寮には多くの生徒が生活しており、そのほとんどは自宅が遠く「通学」ができないことが原因で寮での生活を強いられています。実際に生徒が生活している寮はとても簡素な造りで、「寝る場所が準備されているだけ」と言っても過言ではありません。1 人につき一畳ほどのスペースしかなく、そこに生活用品や衣服が置かれています。また、1 部屋に 18 名が生活しており、密度も高く決して快適とは言えない状況です。実際に数名の生徒にインタビューしたところ、「インフラ整備が不十分だが、学校の援助はなく自己負担である」「校庭での声が聞こえてくるため勉強に集中できない」と言った声がありました。通学困難のため強いられた寮生活のなかにも、教育を受けるための十分な環境は整っておらず、多くの課題を抱えているのが現状です。

プークー村の旧校舎（小学校）

地面で勉強をする幼稚園児

## 3. コロナ禍でもできる活動

　私たちはコロナ禍においても「日本でできる活動」の試行錯誤を繰り返し、多くの新しいことに挑戦しました。CHISE の新たな取り組みは、大きく分けて4点あります。

　まず1点目は、ICT を活用したラオスとのつながりです。実際に現地に訪問しなくても、オンラインを活用してラオスの人々と繋がることができました。たとえば支援先の村と通訳さんのパソコンを使用してオンラインで交流し、衛生の授業や村人・学校インタビューを行いました。これらは、実際に現地に訪問した時に行うプログラムと同じであり、ネット環境やコミュニケーションの不十分という課題を抱えつつも、メンバーや子どもたちにとって有意義な交流をすることができました。インタビューにより、現地の状況やニーズを把握することができ、支援先の人々との継続的なつながりを保つことができたと感じています。

　　オンラインによる中継の画面　　　　オンライン中継時の現地の様子

　2点目は、ラオスの大学生との交流会の開催です。現地の大学生と交流することは、これまでの CHISE のプログラムにはなく、コロナ禍で初めて挑戦したことです。Zoom を用いて、ラオスで日本語を学んでいる学生と交流しました。オンラインだからこそできるボーダレスな活動だと感じ、活動の幅を広げることができたと実感しています。

　3点目は、資金集めです。パンデミック前は、街頭募金や学園祭などで直接的な資金集めを継続的に行っていたのですが、コロナ禍においてこのような活動が不可能になってしまいました。この状況の中、地域の製菓会社（丸中製菓 [株]）が CHISE にお菓子を寄付してくださり、大学生協や地域のフー

ドロス店でのお菓子販売による資金集めを行うことができました。お菓子の値段決めやポップの作成、広報活動など、お菓子の寄付の販売によって活動がより有意義になりました。

　最後は、伝える活動です。CHISE メンバーが主体となり、地域の中学校や高校に講演活動を行ったり、SNS を利用した広報活動を行っています。地域の中学生にラオスの状況を知ってもらうことや身近に感じてもらうことは、私たち学生にできる 1 つの国際協力だと感じています。また、それらの講演を受け、中学生や特別支援学校の生徒から文房具などの寄付も頂いています。このように活動を続けていくことで、日本にいても国際協力の輪を広げていくことができると実感しています。

**文房具を寄付する様子**

　学生国際協力団体 CHISE は、下記 SNS にて日々の活動報告やラオスの状況を共有しております。是非この機会に、CHISE の活動をご覧いただけましたら幸いです。

・インスタグラム　https://www.instagram.com/saychise.laos/

・Twitter　https://mobile.twitter.com/chise_laos

## ミャンマー都市部の OOSCY の特徴
——子どもたちは学校でどのような困難を経験しているのか——

吉田夏帆（兵庫教育大学）

コラム④

### 1. コロナ禍における貧困層の子どもたち

　ミャンマーでは 2020 年 3 月以降の COVID-19 感染拡大を受け、2020 年度は一年間、国内のすべての公立・私立の小中高の学校が休校となった。現地の情報によれば、その間、私立学校やインターナショナルスクールではオンライン授業の試みがなされていた一方で、公立学校ではそのような試みはみられなかったようである。ゆえに、公立学校に通う子どもたちは自宅にとどまるほかなく、保護者や家庭教師から教えてもらえる環境にあった者は多少なりとも勉強を続けることができていたが、そうでない者は全く勉強できていない状況にあったと聞いている。また、政府はコロナ禍用に自宅学習のためのコンテンツを作成・配信していたようであるが、インターネット環境が制限されている貧困層や地方居住の子どもたちがどれほど活用できていたかは定かでない（吉田 2022）。

　このように、今回の COVID-19 感染拡大により、貧困層など元々不利な立場にある子どもほど、教育においてもより一層困難な状況に追いやられてしまっている可能性が考えられる。そこで本コラムでは、この貧困層の子どもたちが学校の中でどのような困難を経験しているのかについて、これまで筆者が取り組んできた学校記録データによる個人の留年・退学状況を追跡した調査をもとにみてみることとしたい。

### 2. 富裕層との比較からみる貧困層の子どもたちの修学状況

　本コラムでは、ミャンマー最大都市・ヤンゴンの初等教育の事例を取り上げる。富裕層グループとの比較から、貧困層グループの修学状況をみてみよう。富裕層グループとは上流階級向けのショッピングモールや有名国立大学が立ち並ぶ地区に位置する小中高一貫校の子どもたちであり、貧困層グループとは工業地帯を含む未発展の新興地区に位置する小学校の子どもたちである。この子どもたちは 2008 年度から 2012 年度の期間に入学し、コロナ禍前までの修学状況が確認できた者である。

### 表1 本コラムで取り上げる子どもたちの情報

| 階層 | 子どもたちが通う学校の所在地の特徴 | 子どもたちの人数 |
| --- | --- | --- |
| 富裕層グループ | 上流階級向けの商業地区および文教地区 | 1,746人 |
| 貧困層グループ | 工業地帯を含む新興地区 | 965人 |

　まず富裕層グループをみてみると、1,746人中1,733人（99.3%）が初等教育を修了できており、そのうち1,732人（99.2%）とほぼ全員が一度も留年せずストレートで修了していた。留年経験者はたったの1人（0.1%）で、中途退学者もわずか13人（0.7%）であった。さらに、教職員に対するインタビュー調査より、「中途退学者のうち複数人が退学後にインターナショナルスクールや海外の学校へ転校していた」という情報が得られたことから、富裕層グループで学校を去ったのち勉強を完全にやめた子どもはほとんどいないと考えられる。このように、富裕層グループの子どもたちは、ほぼ全員が大きな問題なく初等教育を修了できている様子が読み取れる。

　一方で、貧困層グループをみてみると、965人中902人（93.5%）が初等教育を修了できており、一見するとそれほど大きな困難を抱えているようにはみえない。しかしながら、留年せずストレートで修了できた者をみると、849人（88.0%）とその割合は低くなる。さらに、留年経験者と中途退学者はそれぞれ76人（7.9%）および50人（5.2%）であり、富裕層グループと比較すると、貧困層グループではよりたくさんの子どもが留年や退学を経験していることがわかる。中には、何度も留年を繰り返したり、入学してすぐやめてしまったりする子どもの姿もあり、このことからも、貧困層グループほど学校の中

**富裕層グループの学校の様子**　　　**貧困層グループの学校の様子**

において複雑で困難な状況にあることが読み取れる。

### 3. 留年経験のある貧困層の子どもたち

　貧困層グループの留年経験者をより詳細にみてみると、留年経験者76人中15人（19.7%）が留年を2回以上繰り返していた。中には、病気で2年間学校に通えず2年生で2回留年した男の子や、家庭の貧しさゆえ継続的に学校に通えず、1、2、5年生で計4回留年したのち、最終的に初等教育を修了できずに退学した男の子の存在も確認された。後者の男の子については、学校をやめた後は、家計を助けるために外に働きに出ているとのことであった。さらに、貧困層グループの子どもたちが留年した学年をみると、留年経験者の90%近くが1、2年生という低学年で留年を経験していることもわかった。

　他方で、現在のミャンマーの初等教育段階では、基本的に全員が進級できる制度となっている。それにもかかわらず、なぜ貧困層グループの子どもたちは留年してしまうのか。筆者が現地で調査を行ったところ、「貧困層の子どもたちほど学校で勉強するための事前準備が整っていなかったり、頻繁に体調不良になったりして学校を欠席しやすいことから、『毎日学校に来る』『定期試験や追試験を欠かさず受験する』という進級のための最低条件を満たせないために留年している」ことが明らかとなった（Yoshida 2020）。このように、貧困層グループの留年の背景には、学校で勉強する以前の問題として、子どもの就学に対する準備が十分でない状況やそもそも健康的な生活を送ること自体が困難な状況があることにも留意すべきであろう。

学校で見つけたJICAプロジェクトの貼紙

### 4. 退学してしまう貧困層の子どもたち

　続いて貧困層グループの中途退学者をより詳細にみてみると、退学者50人中30人（60.0%）と過半数が1、2年生の修了後に学校をやめていた。また、正規の就学年齢（調査当時は5歳）での入学者については95%以上が初等教育を修了できていたのに対し、5歳を超えて就

学した者については、6歳入学者が86%、7歳以上入学者に至っては50%しか初等教育を修了できていなかった。このことから、低学年の子どもと正規の就学年齢を超えて入学した子どもには、特に手厚いケアが必要であると考えられる。

　さらに、貧困層グループの中途退学のパターンをみてみると、退学者50人中40人（80.0%）が学校記録上は留年の有無とは関係なく退学していることがわかった。対象校の教職員に対するインタビュー調査の結果からは、子どもたちが中途退学に至る理由として、「保護者が他界し、家計が困窮したため」「家族を助けるべく働きに出るため」「きょうだいの面倒をみるため」「両親の離婚や保護者の放任など芳しくない家庭環境のため」といった回答が多数得られた。このことからも、やはり「貧困」をはじめとする芳しくない家庭の状態が、子どもたちを OOSCY にしてしまう大きな要因になっていると言えよう。

**学校訪問調査で呼ばれた軽食**

**黄金色に輝くパゴダ**

**算数の授業風景**

**参考文献**

吉田夏帆 2022『ミャンマーの基礎教育——軍政から民政にかけての教育政策の効果検証』明石書店

Yoshida, N.（2020）, "Socio-economic status and the impact of the 'Continuous Assessment and Progression System' in primary education in Myanmar", Education 3-13: International Journal of Primary, Elementary and Early Years Education, 48（6）: 674-689.

# 第3章

# インドネシアにおける学校に行けない子どもたち(OOSCY)
## ──教育機会分配の公正性と妥当性──

中矢礼美

## ①インドネシアの国と教育

### (1) インドネシアの経済成長

　インドネシアはたくさんの顔を持つ。トップダウンの新しい制度導入のスピーディさと生活の場での柔軟さやのんびりさ、宗教や民族の「伝統」の強さと新しい文化・技術の享楽、金・時間・情報依存の都市生活と自然依存の農村生活など。このインドネシアにおいて、貧困と教育の課題は、多角的多面的に考えていく必要がある。

　首都ジャカルタを見る限り、30年前と比べるとインフラ整備は各段に進んでいるが、相も変わらず辟易するほどの渋滞で、その中でやたら緑色が目立つ。これは携帯アプリによるバイク配車サービス企業ゴジェック社のバイク運転手の制服とヘルメットの色である。通信の目覚ましい発展と新企業の躍進により、都市部の生活の快適さが進んでいることを実感する光景である。そしてまた、直視できないような物乞いの人たちも見かけることはなくなった。

　インドネシアは2000年以降、GDP成長率4-6%台の高い水準を維持し続けてきた。その経済発展には天然資源豊富な広大な土地と人口の多さがある。インドネシアは、赤道直下に広がる1万7千島からなる世界最大の島嶼国家であり、東西の広がりは北アメリカ大陸と同程度、面積は日本の約5倍の1900万㎢である。人口は世界第4位で約2億7千万人に上り、人口の約7割

は中間層であり、民主化の定着、為替相場やインフレ率の比較的安定は彼らの購買力を高め、民間支出・投資が増加した。そしてこの20年間で一人当たりのGDPは約6倍に拡大し、貧困人口も減少した。平均所得は月収2,756,345ルピア（約2.1万円）（インドネシア中央統計局 2020）、失業率はコロナ前で2019年5.3%、コロナ後は2020年8%（IMF）である。この順調な経済成長によって、2020年には世界銀行の分類で下位から上位中所得国に引き上げられた。

しかし、もちろんこの良好な経済成長はすべての地域、すべての人に行き渡っているわけではない。

## (2) 主要産業の動向と教育

インドネシアの産業構造は、製造業（二輪車、飲食品）が約2割、農林水産業（ゴム、パーム油）と鉱業天然資源（石油・天然ガス）が約2割、第3次産業（運輸・通信、金融・保険、行政サービス）は5割以上を占め、その割合は年々高くなっている。特に現在は、地域特産品や零細企業の商品をオンラインで販売できるようにすることで、国産産業の消費の増加と雇用創出を目指している。このような取り組みは更なる貧困層の増大を食い止めると期待されている。

ジョコウィ大統領は、2045年に先進国入りを目指しており、第3次産業を伸ばしていくために、高度な産業を担える人材育成を大統領2期目の最重要課題の一つに掲げている。そのため大統領は、ドライバー200万人の雇用を生み出したゴジェック社（前述）の創業者であるナディム・マカリム氏を教育・文化相とし、教育界に創造的な改革を起こすことを期待している。

そこで出された教育構想がムルデカ・ブラジャール（自由で自立した学び／教育の規制緩和）である。従来の弊害である形式主義的な制度を排除し、より効率的で効果的な教授学習の実施を可能にすることを狙っている。主たる内容は、各学校による試験の作成・実施、全国統一試験の廃止、教師の授業実施計画の簡略化、学区制の柔軟化である。そして、知識だけではなく実践的な能力を身につけることを目的とするムルデカ・カリキュラム（2022年）の実現のために、オンラインを活用した主体的な学びが推進されている。ただし、

このような教授学習法は情報インフラ整備が整った学校や能力の高い教員と生徒には効果的であるが、多くの学校で十分に機能しておらず、教員の訓練を一層進める必要性があると指摘されている（Sihombing et. al. 2021）。

## (3) SDGs・貧困・教育

　インドネシアの SDGs の達成ランキングは 97 位、総合評価は 100 点中 67 点である（UN、2021）。特に、ゴール 4（質の高い教育）とゴール 6（清潔な水と衛生）は評価が高く、ゴール 10（不平等をなくす）、ゴール 12（つくる責任つかう責任）の評価は低い。

　貧困についての評価は中程度であるが、2019 年 3 月時点の貧困率は 9.41％、前年度に比べて貧困者数は 80 万人減少して 2,541 万人であった（インドネシア中央統計局 2020）。この貧困率の低下は、農民の賃金の上昇、インフレ率の低さ、主要な食品の価格の下落といった要因のほか、政府の貧困家庭へのコメの無料配給や支援地域拡大などの支援政策の拡充も影響している。しかしコロナ禍の影響により 2020 年には貧困率は 10.19％ と増加しており、政府の貧困対策も滞っている。ちなみに貧困ラインは、インドネシア中央統計局が社会経済調査のデータに基づき定めており、2021 年 9 月の貧困ラインは、都市部と農村部では少し差があるものの、月額一人当たり日本円にして約 3500 円以下である。

　地域別にみると、貧困率は農村部で高く、ジャカルタやバリなどの都市や観光地では低くなっている。貧困率が高い地域では就学率（中学校段階）が低い傾向があるが、貧困層における無職者率は関係がない。例えば、2020 年に貧困率が最も高いパプア州（26.6％）では、貧困層の就学率は 71.82％ と低いが無職者率は 24.68％ と低い。一方、貧困率が低いジャカルタ（4.5％）では、貧困層の就学率は 97.51％ と高いが、無職者率は 45.9％ と高い（インドネシア中央統計局）。パプアの産業は第 1 次産業が主で中学校卒業の学歴は必要としないが働くことはでき、しかし貧困のままである状況、ジャカルタは第 3 次産業が中心で中学校に就学した程度では就職口がない。ということは、貧困脱

出のためにはパプアでは教育問題より賃金問題、ジャカルタでは高学歴か職業教育の必要性が考えられる。しかし、教育は貧困脱出のためだけを目的とはしていないはずである。また貧困も、絶対的貧困、相対的貧困、主観的貧困と多様な捉え方があるため、その貧困脱出のための教育の在り方は人それぞれということになる。

## (4) コロナ禍と教育

　パンデミック後、インドネシアでも 2020 年 3 月から学校閉鎖が始まり、全面閉鎖を経て軽度地域の部分開校や分散登校などを実施し、2022 年 5 月以降はすべての学校が完全に対面になっている。現時点 (2022 年 12 月 12 日) でのコロナ感染者数は 671 万人、死亡者数 16 万人 (WHO) である。

　パンデミック後、教育文化省は 2020 年にオンライン学習機関・教材を知らせ、簡素化した「緊急カリキュラム」を作成して対応してきた。2020 年 5 月に実施した家庭学習調査では、小・中・高の学習時間は 1, 2 時間程度が半数と学習時間が確保されていないことが分かった。家計を助けるために働いたり、遠隔学習の効果を感じられないために中途退学した生徒は以前より 10 倍増えたという (Kompas、2022)。

　コロナ禍によって学習権を奪われた子どもたちとそうでなかった子どもたち、今後学校に戻る子どもと戻らない子どもの違いは、コロナ禍前の状況を反映すると推測されている (ユニセフ、2022)。子どもたちの状況と彼らが感じた学校教育の必要性、彼らの将来の展望を考えた上で、今後の学習権の保障の在り方を考えなければならない。

　次節では、コロナ禍前にすでに学習権が保証されていなかった子どもたちに焦点を当て、教育の公正性と妥当性という観点から考えてみたい。

### 参考文献

　IMF：https://www.imf.org/en/Countries/IDN
　インドネシア中央統計局 (Badan Pusat Statistic: BPS) https://www.bps.go.id/ (2022.3.31

アクセス）

Data dan Informasi Kemiskinan Kabupaten/Kota Tahun 2020 https://www.bps.go.id/publication/2020/11/30/337a88d303fca9911cb7b0a8/data-dan-informasi-kemiskinan-kabupaten-kota-tahun-2020.html）（2022.3.31 アクセス）

国際連合：U N Sustainable Development Report, 2021　https://indonesia.un.org/en/sdgs（Country Profiles: Indonesia）（2022.3.31 アクセス）https://dashboards.sdgindex.org/rankings（Rankings: Indonesia）（2022.3.31 アクセス）

インドネシア教育文化省（Kementrian Pendidikan dan Kebudayaan）36962/MPK.A/HK/2020「新型コロナウイルス蔓延防止のためのオンライン学習および家庭学習調査」

WHO：Coronavirus（COVID-19）Dashboard　https://covid19.who.int/table（2022.12.23 アクセス）

ユニセフ（UNICEF）：*Are children really learning?*（2022）https://www.unicef.or.jp/jcu-cms/media-contents/2022/03/UNICEF_Are-children-really-learning_FINAL-version-of-report_embargoed-30-March-2022.pdf

Sihombing, A.A., Anugrahsari, S., Parlina, N., Kusumastuti, Y. S.,（2021）. Merdeka Belajar in an Online Learning during The Covid-19 Outbreak: Concept and Implementation, Asian Journal of University Education（AJUE）, 17（4）, pp.35-48.（https://doi.org/10.24191/ajue.v17i4.16207）

Kompas（インドネシア Web 新聞）：https://www.kompas.com/wiken/read/2022/01/16/200036281/putus-sekolah-akibat-pandemi-covid-19-naik-10-kali-lipat-ini-kata（2022.4.3 アクセス）

## ②本　論

### はじめに

本節では、インドネシアにおける学校に行けない子どもたち (Out-of-School Children and Youth: OOSCY) の特徴と原因、対策および教育協力ネットワークを整理し、教育機会分配の公正性と妥当性の視点から検討する。公正性とは、就学者の量的拡大か、少数の社会的脆弱者の教育保障優先かを考える視点である。妥当性とは、「教育機会」は制度化された教育に特化されるべきではなく、健康・安全・生活指導に至るまで多様な教育を積極的に保証するべきではないかを考える視点である。これまで、インドネシアは国家統合・開発に向けて、教育の量的拡大に邁進し、成果を上げているが、社会的に脆弱な子どもたちの教育保障にはまだ多くの課題が残る。より公正な社会をつくるためにも、最も周縁化され、取り残された人々を最優先に、彼らが尊厳を持って生きていくことができるような教育が保証されるべきである。これが本稿の問題関心であり、検討対象としてストリートチルドレンへの対応を取り上げる。

この OOSCY 対策において、国際教育協力は大きな影響を持ってきている。数十年間の多様な開発途上国への国際援助を検討した Riddell & Miguel (2016) によると、国際教育協力は、初等教育の量的拡大には大きな功績を収めたものの、最後の 5 ％の壁の課題は乗り越えられず、教育の質や人材育成において援助国が期待したほどには成果が出ていないという。そして、そこでの課題はプログラムにおける被援助国側のリーダーシップとオーナーシップにあると分析している。

本節では、これらの分析視点と先行研究での指摘を踏まえ、以下、1) インドネシアにおける OOSCY の特徴と原因、2) ユネスコが提唱する OOSCY に対する理念枠組み (アクセス、継続性、質、柔軟性：特集の趣旨参照) からみる OOSCY 対策、3) 西ジャワ州でのストリートチルドレンに対する支援と課題

復興と平和のシンボル—アンボンの学校　　　　　　　校庭

を検討する。

## 1.　インドネシアにおける OOSCY の特徴と原因

　インドネシアにおける OOSCY 問題は飛躍的に改善され、その比率は下がったものの、就学年齢層の人口の多さから、依然としてその数はアセアン諸国の中でも圧倒的に多い。インドネシア国家開発企画庁はインドネシア中央統計局のデータ（BPS 2017）に基づき、小学校段階（7 〜 12 歳）の OOSCY 数は 19 万人（全体の 0.7 ％）、中学校段階（13 〜 15 歳）の OOSCY 数は 110 万人（8.3 ％）、高等学校段階（16 〜 18 歳）の OOSCY 数は 310 万人（23.9 ％）、総計 7 〜 18 歳の OOSCY 数は 430 万人（5,500 万人中の 8 ％）と発表している（Kementrian PPN/Bappenas 2020: 9）。

　以下、国家開発企画庁の資料から OOSCY の特徴（州別、地域別、性別、経済状況）、教育文化省職員へのインタビュー[1] および先行研究から原因を整理する。

　インドネシアは広大な範囲に広がる島嶼国家であり、34 州（2023 年 1 月 1 日より 38 州）からなる。 OOSCY の内訳を州別でみると、小学校段階ではパプアが 40 ％と最も多く、次いで西ジャワ 6 ％、南スラウェシ 5 ％、中学校段階では西ジャワ 25 ％、東ジャワ 13 ％、中部ジャワ 12 ％、高校段階では西ジャワ 23 ％、中部ジャワ 14 ％、東ジャワ 14 ％と続く。パプアでは、依然イン

島の風景　　　　　　　　　　ヌサトゥンガラ

フラ問題が大きく、学校への距離が影響しているとされている（Kementrian PPN/Bappenas 2020:16）。

　農村と都会でOOSCYの比率をみると、いずれの学校段階でも農村が高い（小学校段階：都市21％／農村79％、中学校段階：都市38％／農村62％、高等学校段階：都市39％／農村61％）（同上:11-14）。教育文化省職員によると、農村地域では特に小学生には学校が遠く、通学が難しいこと、主に農業に就業することから学校教育の価値への理解不足や経済的困難さが原因であり、一方、都市で年齢が上がるにつれてOOSCY率が増えるのは、就業、結婚、遊びなどの経済・文化的要因によると考えられている。

　性別でOOSCYの比率をみると、いずれの段階も男子が多い（小学校段階：男子58％／女子42％、中学校段階：男子59％／女子41％、高校段階：男子53％／女子47％）（同上）。全体の傾向としては男子の方が多く、それは家計を支える労働のためと考えられている。女子の不就学の原因としては早期結婚と出産が問題視されている。2020年に結婚した女性で18歳以下の比率を州別に見ると、西スラェシ州が最も高く28.8％、最も低いジョグジャカルタ特別市は6.5％と地域差が大きい（BPS）。

　経済状況も大きく影響しており[2]、小学校段階では最貧困層（レベル1）でのOOSCYの比率は44％、レベル2は17％、中学校段階ではレベル1は37％、レベル2は24％、高校段階ではレベル1は31％、レベル2は25％を占める

（Kementrian PPN/Bappenas 2020:11-14）。一方で、学校段階が上がるにつれて経済的な影響は少なくなることも分かる。高所得者はインターナショナルスクールやホームスクーリングで教育を受ける人が多くなっているが、いずれも学校教育を受けているものとカウントされている。ちなみに現在、ホームスクーリングを行っている家庭は 2,000 を超えている[3]。

　特別支援が必要な子どもたちの OOSCY 数は、統計の未整備も指摘されてはいるが、2010 年の時点で OOSCY の比率は、小学校段階で 54.1％、中学校・高校段階で 80.9％とされている（7 〜 18 歳までの特別支援が必要な子どもは 18 万人と推定）（Kementrian PPN/Bappenas 2020:17）。

　上記の OOSCY には不就学者（学校に行ったことがない）と中途退学者が含まれており、2018/19 年度の中途退学者数は小学校で 3.4 万人、中学校で 8.5 万、高等学校で 5.2 万人、職業高等学校で 10.6 万人である（Pusat Data KEMENDIK-BUD）。2014 年度の小学校の中退者数は約 17 万人であったことに比べると飛躍的に継続性は向上した。

　不就学と中途退学を分けて原因を分析した研究によると（Muttaqin1 2017）、家庭の低い教育費や保護者の低い教育歴は不就学と中途退学の双方に影響し、母子家庭や大家族は中途退学により大きく影響し、居住地における学校の有無は不就学により大きく影響し、低い教育予算や高い貧困率は中途退学により大きく影響する。このように対象グループおよび原因は重複しているため、保護者啓発、経済的支援、インフラ整備、教育の質向上など複合的なアプローチが必要であると指摘している。

## 2．OOSCY 対応政策

　学校教育へのアクセスを飛躍的に向上させた柔軟な制度改革は、宗教省管轄の宗教系教育機関と教育文化省管轄の学校の制度的統合であった。学校校舎や教員が不足している地方にあっても、宗教省が管轄するイスラム学校は多数存在していたためである。1989 年国民教育制度法により、イスラム学校も教育

課程修了が認められることになり、就学率は飛躍的に伸びることとなった。

　その後、1994 年に義務教育は 9 年間と定められ、その遂行のために 2004 年からの国家中期開発計画 (Rencana Pembangunan Jangka Menengah 2004-2009) においては貧困者・僻地／島嶼部／紛争地域の住民および障害者への教育のアクセスの拡充を重点的・戦略的に進めることが示された。2005 年からは学校運営補助金制度が導入され、すべての小中学校に対し、生徒数に応じた学校裁量の予算の配賦を行った。その成果として、中学校の粗就学率は 75.3％ (2002 年) から 92.5％ (2007 年) へと飛躍的に上昇した。地方分権化が進められる中で、地方政府も予算の 20％を教育費に充てることが定められたが、この点については、実際には州によって予算の規模も異なるため教育費はまちまちであり、地域の就学率に大きく影響しているという[4]。

　柔軟性と継続性の向上政策としては、ノンフォーマル教育の一つである同等教育プログラム (Program Kejar Paket) の確立と普及が成果を上げている。2018 年 12 月時点での同等教育プログラムの登録者数は、全国で 92.8 万人にのぼり、特に西ジャワ州で多く、パケット A (小学校レベル) は 4.9 万人、パケット B (中学校レベル) は 10.3 万人、パケット C (高等学校レベル) は 15.3 万人にのぼる (Putri 2019)。このプログラムは、コミュニティ学習活動センター (Pusat Kegiatan Belajar Masyarakat：以下、PKBM)[5] において実施される場合が多い。 学校のような校舎がなくても指導者 (Tutor) がいて、特定の教育の場所を指 定して登録し、認可を受けると教育課程修了証を発行できる。生徒は週に 3 回程度 の教育指導を受ければよく、時間やスピードの束縛がない点で利用しやすい[6]。一方で、基礎学力が身についていない子どもたちにとっては短時間での理解が 難しいという課題がある。その場所も隅々まで行きわたっているわけでもない ため、教育アクセスを完全に保証できるわけではないという。このアクセスの 課題への対応策として、幼児教育・社会教育局は 2018 年に、2013 年カリキュラムに対応したパケット A の E-learning 用教材を開発し、施行を行った。 E-learning によって、教材が手に入らない生徒もどこででも学習できる可能性が高まるという。しかし、携帯電話を持たない極

めて経済状況の悪い層、電波の届かない辺境地域の人々には依然手が届かないのではないかという疑問が残る。この点について、幼児教育・社会教育局職員らは、どんな対応策も完璧に対応できるものではなく、手が届くところから、できることから取り組むしかないという。果たしてそうだろうか。なんの教育選択肢もなく、最も危険にさらされている社会的脆弱者層から救うという戦略も考えられる。どのOOSCYから助けるべきかの社会的合意はどこにあるのだろうか。いや、救うべきOOSCYを序列化すること自体不当な問いかもしれない。問うべきは、教育政策全体の優先順位、教育予算の配分の不公正さであろう。

　また中途退学の予防のためには、学校評価制度、教員評価制度、教員研修制度など様々な教育の質の向上のための制度が確立・実施されている。ただし、課題も多い。学校評価制度は、評価の低い学校に特別な支援を行うためではなく、あくまで自助努力で評価基準を満たすことを要請するものである。評価は公表されるため、学力の高い生徒はより評価の高い学校を目指し、評価の低い学校には学力の低い生徒が集まりやすくなり、教育の質を保つことがさらに難しくなるという悪循環を生み出す可能性が高い。このような新自由主義的とも捉えられる政策は、問題の隠蔽（中途退学者数のごまかし）や不正（卒業試験において）を生み出す温床となる。教員評価制度は、未だ資格を持たない教員、資質能力に大きな課題を持つ教員の能力向上と適性検査を目的とし、教員研修やセミナーへの出席などはポイントとして職位向上の指標とされ、教員のモチベーションアップに一定の成果を上げるもの

OOSCYのための学習施設

と期待された。しかし、実際には全ての教員に平等な研修に機会があるわけでもなく（薮田 2010: 24）、都市に住む教員に照準を当てた政策といえる。その他、教科別教育研修（Musyawarah Guru Mata Pelajaran）による教材開発・教授法の向上が目指されているが、地方分権化後、地方政府は十分な教育予算を研修に充てず、教員の自助努力に任せ、地方の教員はますます職能向上が難しい状況となっている（Sabon 2019）。このように、いずれの制度も新自由主義的で、教育の格差を広げる結果を招いてしまう可能性が高く、中途退学者の予防策の効果は限定的であると考える。

## 3. ストリートチルドレンに対する支援と課題

　次に、社会的脆弱性の高いストリートチルドレンへの教育保証の取り組みに焦点を当て、政府、地方、NGO の取り組み、教育協力ネットワークを検討する。

### (1) インドネシアにおけるストリートチルドレンの現状と課題

　ストリートチルドレンは、21 州（34 州中）で 1.6 万人（2017）いると言われている（Kementrian PPN/Bappenas 2020: 70）。彼らに対する教育は、教育文化省が、児童福祉施設（Lembaga Kesejahtraan Anak）、コミュニティ学習センター（Pusat Kegiatan Belajar Masyarakat：PKBM）、公開学校（Sekolah Terbuka）を通してフォーマル教育、ノンフォーマル教育、職業教育プログラム、その他教育費支援などを行ってきた。社会省は、子どものための社会福祉機関（Lembaga Kesejahtraan Sosial Anak）と児童保護施設（Rumah Perlindungan Social Anak）による社会福祉プログラム（Program Kesejahtraan Social）、インドネシア・ストリートチルドレン解放推進プログラム（Program Menuju Indonesia Bebas Anak Jalanan）、子どもの保護に関する国家スタンダード制定などを行っている。しかし両省ともに多くの課題があり、精密な調査、施設・教員・職員の質の向上が必要と指摘されている（Kementrian PPN/Bappenas 2020: 70）。

　教育文化省アグン氏によると、これまでストリートチルドレンに対する教育文化省によるプログラムでは、学校に入ることを急ぎすぎるために、学校に連れてきても逃げだす子どもが多かったという。それに対して、「良い」NGO は、友人になり、今晩の食事を考え、来週の食事を考え、来年のことを一緒に考え、子どもたちに合わせて我慢強い教育を行うという。

　このような NGO の取り組みについては、以下のように多様な教育活動とその有用性および課題が指摘されている。例えば Putra ら（2015）によると、ジャカルタにある半保護施設のオープンハウスでは、グループワーク形式の指導、路上での教育（一般的知識、健康、社会制度、コミュニケーションおよび識字）、家庭訪問（帰宅確認、一時的な金銭貸付）を行っている。そこでの課題としては、活動人数の少なさ、子どもたちの移動によるモニタリングの難しさを挙げている。そして社会的倫理観に合わせた行動を行えるようにするためには、コミュニティ・ベースでの支援が大切だと述べている。Anasiru（2011）は、マカッサル市でのストリートチルドレン対策には 4 つのモデル（機関ベース、家族ベース、コミュニティ・ベース、セミ保護施設ベース）があり、それぞれ有効性があることを示し、行政と私立機関および地域社会とのコーディネイト不足が課題であると指摘している。

## (2) 西ジャワ州における OOSCY およびストリートチルドレンへの対応

　本章で調査対象とした西ジャワ州は首都に隣接し、大学、製造企業が多く、ジャカルタ、スラバヤに次いで 3 番目に経済的に発展している地域である。それにも関わらず西ジャワ州の OOSCY の数は小学校約 2.4 万人、中学校約 15.4 万人、高等学校 83.4 万人（2017）と極めて多い[7]。そして OOSCY の中で社会的リスク（暴力・薬物・犯罪・事故など）に最も晒されているのがストリートチルドレンである[8]。

　バンドン市のストリートチルドレンの生活保護は、バンドン市社会・貧困対策局（Dinas Sosial dan Penanggulangan Kemiskinan Bandung：以下社会局）が担っており、教育に関しては同市教育局（Dinas Pendidikan Kota Bandung）が担っている。

市教育局職員らによると、学校に来ないストリートチルドレンの多くは市外から来た、身分証明書も持たない子どもたちである。インドネシアには村全体が貧しい貧困村と呼ばれる村があり、そこにブローカーが訪れ、時には保護者も子どもと一緒にバンドンに移住し、子どもたちを働かせている。制度的には、バンドン市はそのような子どもたちが学校に行くことを希望すれば、全て受け入れ、バンドン市民の証明書を持つ子どもについてはバンドン市が教育費を支払い、持っていない子の教育費は政府が支払うこととなっている。問題は、ストリートチルドレンが学校に来たら教師が驚くことだという。彼らの格好はピアスをして髪型も話し方も態度も異なり、他の生徒への悪影響を心配する。また子どもたちの方も学校では落ち着かず、ノンフォーマル教育プログラムを選ぶことが多い。そこで PKBM はストリートチルドレンの教育に大きな役割を果たしている。PKBM は市内に 60 校程度あり、約 1 万人の生徒が在籍している。PKBM のインフラは財団やコミュニティが支援することとされており、市当局は PKBM の教育活動を把握・評価し、同等教育プログラムの運営補助金として一人当たりパケット A で年間 130 万ルピア（約 1 万 1 千円）、パケット B で 150 万ルピア（約 1 万 3 千円）、パケット C で 190 万ルピア（約 1 万 7 千円）を配賦する。

　また、社会局は学校に行っていない青少年を対象とした社会福祉プログラムを各村で行っており、そこで彼らは生き方について考え、ノンフォーマル教育かフォーマル教育か、職業訓練を受けるかの意思決定を行っているという。

## (3) NGO によるストリートチルドレンへの支援実態と教育協力ネットワーク

　本節では、3 つの NGO を事例として、支援の特徴と課題を描く。2 つの事例は市教育局からストリートチルドレンを多く受け入れていると紹介を受けた NGO（PKBM として認定）で、もう 1 つは HP 上でみつけた国際教育協力ネットワークを前面に出してストリートチルドレン支援を広報している NGO である。

### ① NGO A――公的資金活用型・市教育局との連携――

　設立主体は財団で、一人でも多くの人に教育機会を提供することを目的として[9]、パケット A、B、C の他、幼児教育、職業訓練コースを実施している。認可されて以降は運営補助金を受けられるようになり、設備などが揃えられ、2018 年の PKBM 評価では「A」評定を受けた[10]。市教育局のある職員による協力が大きな支えとなっており、他の PKBM とも学びあい、助け合っているという。国際的な資金援助は受けていない。

　活動の場所は、下町の小さな料理屋や車の修理工場が並ぶ通りで、やっと一人が通れる路地を 5、6 メートル入ったところにある。総敷地面積は 90 ㎡で、1 階と 2 階 (別棟) に教室、2 階にコンピュータールーム、演習室がある。施設は複雑で行き来も難しいため、事務室ではモニターで教室が見えるようにしている。

　同等教育プログラムの生徒数は、パケット A は 100 人、B は 150 人、C は 336 人で、約 9 割の生徒が働きながら教育を受けており、平日はオンライン授業や自主学習である。生徒らはメーリングリストで仲間と質問や議論をしたり、教員に質問したり、課題提出を行う。教員は 12 人で高学歴 (博士 3 人、修士 2 人、学士 7 人) である。事務スタッフは元ストリートチルドレンで、ここでパケット C まで卒業し、大学を卒業した人である。リーダーによると教員らは、「選ばれし人々。一番は、愛。多様な背景をもつ多様な人々をユニークで面白いと思える人たち」という。そして NGO の 3 つの教育原則は「①勉強をする気のある子は誰でも受け入れる、②受け入れた子は同じように扱う、③希望を持ち続けさせる」であると説明された。

　生徒の年齢層は広く、多様であるが、いじめや家庭の問題でフォーマル学校に通えなくなって来る子どもたちが最も多い。スリートチルドレンは以前は多かったが現在では 10 人程度に減ったという。各地域で金曜日の夜に青年指導 (Bimbigan Remaja) というプログラムが行われるようになり、ストリートチルドレンはそこでの教育対象とされたためではないかという。ストリートチルドレンは、自由に慣れているため、学校の規律を嫌がり、なじめない。マインド セッ

トは「お金が稼げたら十分」で、学習意欲を高めるのがとても難しく、2週間くらいで来なくなる子も多い。2、3回会いに行って来るように勧めるが、来ない子は仕方ない、という。ノンフォーマル教育でも難しい子どもたちには指導プログラムや社会福祉プログラムが適切ということであろうか。

　生徒のリクルートは、リーダーの人柄の影響も大きい。「道路の交差点に行くと沢山のストリートチルドレンに出会えます。そこで、勉強できるところがあるよ、来てごらんというと、喜んでついてくる。先生が好きーといって、会いにやってくる。だから、いないと帰ってしまう子もいて、かわいらしいけれど……。」

　ここでの生徒たちは「一人ひとり、みんな自分に自信がもてなくなって、周辺に追いやられて、辛い思いをして、でもなんとかしたいと思っている。そんな子ばかりが集まっているからみんな自分と同じ境遇なんだ、と心を開き、一緒に勉強ができる」という。このように、フォーマル教育の場に様々な理由で行けなかった人々が集まり、彼ら自身の希望の光で教育環境が成立していることが分かる。

　このような機関では、生徒はそれぞれが自分のことで精一杯のようなイメージがあるが、ここではレスキュー隊を作っており、災害などがあると、ボランティア活動を企画・実施している。人を助けるという活動を通して強く、優しく生きていくことができるように人格形成まで行っている。

　以上のように、NGO A は人間愛に溢れ、活動的なリーダーのもと、卒業生を含む教職員同士が信頼しあい、使命感を持って楽しく活動し、運営、教育実践ともに成功している。しかし、これだけの規模と組織力と教育力がありながらも、ストリートチルドレンを来させ、勉強を続けさせるには大変な労力がかかり、うまくいかないことも多いことが分かる。青年指導プログラムを利用することが彼らにとって適切かどうかは今後調査が必要であろう。


② NGO B──公的資金活用型・教育協力ネットワークの効果的な利用──
　設立主体は、市内の財団であり、1980年にプログラムとして活動を開始

し、1995 年に正式に設立された[11]。当初は 400 人のストリートチルドレンに
寄り添う活動であり、ユネスコからのノンフォーマル教育支援寄付金とマイ
クロソフト社からのコンピューターの寄付によって教育活動が軌道に乗っ
た。2001 年から 2002 年までは Save the Children からの資金提供を受けている。
PKMB として同等教育プログラムの運営補助金によって安定した運営を行っ
ている。ただし PKBM 評価 (2017) では設備の問題で「C」判定であった。

　活動場所は、バンドン市内の静かな住宅街の一軒家である。活動目的は、
ストリートチルドレンを中心に学校に行っていない子どもを大学まで進学さ
せ、資格を取らせることである。スタッフは、ストリートチルドレンに寄
り添い、勉強を始めるまでの方法について、最初に 1 週間の研修を受けてい
る。駅でも道でもどこででも勉強を教えられるように、教材の使い方も学び、
チューターや教師の役割を持つ。教材はユニセフが作ったものであり、研修
を受けたことがあり、それを受け継いでいるという。現在の活動は、1) 週 3
回、ストリートチルドレンが多くいる駅に行き、今日は何をしたいとか、何
を勉強したいとかを聞きながら、心を開いていくように長い時間をかけて関
係を築いていく、2) 家庭訪問を行い、より深い関係を作っていき、徐々に社
会に適応できるようにフォーマル学校にいくことを勧めていく、3) 子ども
が学校に行きたい気持ちが湧いてきたら保護者がいる場合には話をしに行き、
入学する学校の教師に会いに行き、話をする。4) フォーマル学校になじめな
かった場合には、施設内のノンフォーマル教育や職業教育を受けさせたり、
斡旋したりする。

　生徒は 5 歳から 18 歳で、ストリートチルドレンが中心である。その理由は、
多くは教育の機会がなく、交通事故、身体的暴力、薬物被害など様々な暴力
に晒されているためという。特に家族から逃げて来た女子が最も危険な状況
にあり、重点的な支援対象者とされている。子どもたちを教育施設に連れて
くる際の課題としては、「保護者が教育の義務について知っていればよいが、
知らないときには話が難しく、教育の重要性を理解してもらうことが大変」
であり、その場合は地域の有志や宗教関係者などに同行を求め、話し合いの

助けを頼めることも多いという。コミュニティとうまく連携している様子が伺える。

2016/2017 年度の成果は、フォーマル学校への (再) 入学者 203 人、パケット A の受講者 43 人、パケット B の受講者 39 人、パケット C の受講者 31 人、職業訓練の受講者は美容関係が 15 人、自動車修理が 23 人、縫製が 62 人、路上支 援者は 132 人である。フォーマル学校 (再) 入学後は、「学校に行き始めても、週に 1 回は学校を訪問して、問題はないかをモニタリングしています。保護者 が金稼ぎを強要して学校をやめさせるからです」と見守りを続けている。また「子どもたちは、様々なキャラクターを持っていますが、人と一緒に何かをするというのが苦手で、約束も自由という傾向を持っています。でも一緒に泳ぎに行ったり、キャンプをしたりする中で、みんな仲良くなっていきます」と、仲間との活動を通して集団行動や社会生活が営めるようにしている。

このように、NGO B は公的評価は低いものの、歴史は長く、組織も運営にも問題はなく、多くのストリートチルドレンを対象に幅広くニーズに即した支 援を大学進学まで見据えて行っている。様々な国際教育支援を有効活用しつつ、公的資金を基本的には活用し、スタッフの人材育成をしっかり行うことで安定した活動が行えている。


③ NGO C──小規模 NGO の苦悩──

設立主体は、市のロータリークラブであり、運営費は国内やオランダやオーストラリアのロータリークラブからの寄付金、運営はクラブや寄付者の有志らによる。 HP で公開されている活動報告では、「外国の人たち」と一緒に元ストリートチルドレンのスタッフや子どもたちが楽しそうに活動をしている様子が紹介され、成功事例のように思われた。活動は、1)「芸術の箱 (Art in Box)」(本や絵の具や紙などを詰め込んだ箱) をストリートチルドレンが多い駅に持って行って終日子どもたちと遊び、健康カウンセリングを行う、2) 出会った子どもたち (10 歳までの女子) で、家族から逃げて来ている子をシェル

ターに保護し、基本的な生活や集団行動の訓練を行う、3) SOS 子ども村 (SOS Children's Villages Indonesia) というシェルターに入所させ、サポートを続けるというものである。

　しかし現在はスタッフの減少と予算減少により、実質休止状態である[12]。スタッフは企業の経営者が多い。プログラム開始当初はやる気に満ちていたものの、ストリートチルドレンの保護者やリーダーとの金銭問題、行政手続きの煩雑さ、青少年の扱いの難しさに直面し、寄付金も減少する中で、プログラムの数も支援する子どもの数も減らさざるを得なくなっていった。社会局との協働を期待していたが、逆に児童の保護にかかる煩雑な諸手続きを課されて大変だという。子どもの人身売買を防ぐためにも仕方がない一面もあるが、合理的効率化の余地はあろう。SEMAK、SOS Children's Village Indonesia との協働も一時的であった。安定した予算確保のために交付金を得たいが、同等プログラムを実施するには、100 人以下では赤字となる。小規模 NGO の苦悩である。シェルターで子どもたちを養育してきた K 氏は、寄付金集めのために動画配信 を努力しているが、成果は上がっていない。「私はストリートチルドレンでした。教育も十分に受けていなくて、社会的にどのような情報が必要であるかなど分からないのです」という[13]。

　元ストリートチルドレンで NGO に救われた経験から、同じ境遇の子どもたちを救いたいという強い思いで活動するケースは他でも聞かれた。その経験と思いを生かし、NGO の活動を成功させ、持続させるには、安定した公的資金、組織運営能力が必要である。同等教育プログラムなど制度化された教育を実施できない組織規模ではあるが、ストリートチルドレンに必要な教育機会をできるだけ提供しようと努力している、このような小規模 NGO に対しても市教育局は積極的な協力支援を行うべきではないだろうか。

## おわりに

　以上みてきたように、インドネシアの OOSCY は未だ量的な課題を残し、家庭環境、経済・地理的条件などによる格差が大きい。

　まず教育機会分配の公正性の視点から OOSCY 対応をまとめると、国家開発企画庁は教育格差是正を目指した対策を提案しており、正しい方向性とみえる。しかし、全ての OOSCY グループとその対応は並列して記述されており、最も脆弱なグループを最優先に支援する戦略や最前線で取り組む NGO への支援は 具体的に示されていない。たしかに、OOSCY 支援への優先順位をつけることなどできず、アクセス、継続性、質、柔軟性を担保する制度の拡充は重要である。しかし、常に「できることからする」のでは、結局ストリートチルドレンは後回しのままではないか。ただこれは、OOSCY 対策の中での教育機会分配の公正の議論であり、問われるべきは、新自由主義的教育政策か OOSCY 対策の優先かである。国家としては社会的脆弱者への人権（教育）の保障を確実に 行うべきであり、行える時期に来ているのではないか。全ての教育政策・予算 配分の批判的検討が必要である。

　次に、教育機会の保障を行う際の妥当性については、本稿の事例でみた NGO は、フォーマル教育、同等プログラムから野外活動、ボランティア活動、情操教育、健康カウンセリングまで、ストリートチルドレンだからこそ受けるべき／受けたい／受けられる多様な教育の選択肢を用意し、提供している。問題は、そのような教育機会の提供は NGO が中心的役割を担っているにも関わらず、行政による制度的支援は十分ではなく、しかも支援対象は PKBM に限定され ているということである。具体的には、成功事例（NGO A および B）ではリーダーシップ、スタッフ間の信頼関係の強さ、人への深い愛情と共感、様々な障壁を乗り越える専門的スキルがあってこそではあるが、PKBM としての持続的な予算と市当局との協力体制が大きく影響していた。小規模 NGO で継続危機の事例（NGO C）は、同等プログラムのように教育課程修了証が得られるような教育プログラムを提供できないものの、ス

トリートチルドレンに人としての尊厳ある生き方を学ぶ機会を提供しよう
ときた。しかし、手続きや予算に関する行政の非協力的態度が大きく影響し、
継続は困難な状況である。制度化された教育の提供を行う PKBM だけでな
く、正式なプログラム名もないがストリートチルドレンにとっては重要な
「学び」を提供しようとする小規模 NGO に対しても支援、協働するシステム
を構築する必要があろう。

　本章で見た NGO の活動には、教育協力ネットワークの活用方法の違いが
みられ、国際教育協力の課題として指摘されてきた被援助国のリーダーシッ
プとオーナーシップの課題が確認された。ネットワーク有効活用例（NGO B）
では、安定的収入は同等プログラム運営費で得た上で、設備・教材・研修の
初期投資は単発の国際教育プロジェクトの資金や研修で整えていた。NGO
C は、国際教育プロジェクトではないが、国内国際教育協力ネットワークに
よって運営費を賄おうとして、継続できなかった。インドネシアでは現在パ
ンデミックによる OOSCY の大幅な増加がみられ、今後 NGO にはさらに大

**海岸と子どもたち**

きな役割が期待されるところである。教育行政はリーダーシップとオーナーシップを持って、NGOへの安定的な支援システムを構築し、国際教育協力プロジェクトや教育協力ネットワークを有効に活用できるよう支援する必要があろう。

　無論、そこでの教育や学びが適切であるのか、より適切な教育を受ける橋渡しとして、あるいはそこでの学びが社会的・経済的に尊厳を持って生きていける力を育成できる教育となっているのか、注意深く見守る必要がある。

## 注

1　教育文化省幼児教育・社会教育局職員とのインタビューより（2018年10月16日）。

2　インドネシアでは5段階に分けられた経済レベルが、最貧困層（レベル1）から高所得層（レベル5）でその比率が示されている。

3　2003年国民教育制度法によってインフォーマル教育も正規の教育としてみなされることが規定された。2007年には細かいホームスクーリングに関するガイドラインが作成されたが、義務ではないため全て従っているわけではないという。（Home Education Support Group, Sidoarjo, East Java. https://hslda.org/post/indonesia, Accessed Oct 2020）

4　教育文化省研究開発局アグン氏（Dragoon Purwadi、M.Eng）とのインタビューより（2018年10月15日）。

5　PKBMの制度と実態については、片山（2019）による詳述参照。

6　教育文化省幼児教育・社会教育局職員とのインタビューより（2018年10月16日）。

7　Kementrian PPN/Bappenas（2020）が示す州別OOSCY比率およびインドネシア中央統計局（Badan Pusat Statistic：BPS）の就学年齢人口より筆者およびアグン氏が算出。

8　2017年時点で、バンドン市のストリートチルドレンの数は1,654人とされている（PORTAL DATA KOTA BANDUNG, Dinas Sosial dan Penanggulangan Kemiskinan Kota Bandung, 2017）。

9　NGO Aのリーダー、スタッフ、バンドン市教育局職員とのインタビューより

（2019 年 12 月 11 日）。

**10**　評価は A、B、C まであり、それ以下は「質保証なし」とみなされ、運営交付金を得ることができない。Pusat Pengembangan Pendidikan Aanak Usia Dini dan Pendidikan Masyarakat PP- PAUD dan DIKMAS JAWA BARAT（2017）Bahan Supervisi Penyiapan Akreditasi Satuan, PKBM.

**11**　NGO B のリーダー、スタッフとのインタビューより（2019 年 12 月 11 日）。

**12**　NGO C のスタッフ T 氏とのインタビューより（2019 年 12 月 10 日）。

**13**　NGO C のスタッフ K 氏との WhatsApp 会話より（2019 年 12 月 3 日）。

## 参考文献

Ansari, R.（2011）"Implementasi Model-Model Kebijakan Penanggulangan Anak Jalanan di Kota Makassar", *Sosiokonsepsia*, 16（2）, pp. 175-186.

Badan Pusat Statisti（c BPS）, https://www.bps.go.id/（Accessed 12 April 2022）.

Department Pendidikan dan Kebudayaan（KEMENDIKBUD）（2017）, Ikhtisar Data *Pendidikan Tahun 2016/2017*, Jakarta.

Kementrian PPN/Bappenas（2020）, *Strategi Nasional Penanganan Anak Tidak Sekolah di Indonesia*, Bappenas.

Muttaqin,T., Ministry of National Development Planning/BAPPENAS, Wittek,R., Heyse,L., Duijn, M. V.（2017）, Why Do Children Stay Out Of School In Indonesia?, *Jurnal Perencanaan Pembangunan The Indonesian Journal of Dev. Planning*, 1（2）, pp.94-108.

Pusat Data dan technologi Informasi, https://statistik.data.kemdikbud.go.id/(Accessed April 2022)

Putra, F., Hasanah St. A.D, & Nuriyah H.E.（2015）"Pemberdayaan anak Jalanan di Rumah Singgah", *Sharre Social Work Jurnal*, 5（1）: pp.51-64.

Putri.N.N.(2019, Feb 10). Kemendikbud Catat Peserta Didik Kesetaraan 928.776 Siswa"(Online) https://ncws.detik.com/berita/d-4422116/kemendikbudcatat-peserta-didik-kesetaraan-928776-siswa. Detik News. https://news.detik.com/berita/d-4422116/kemendikbudcatat-peserta-didik-kesetaraan-928776-siswa. (accessed 15 April 2022)

Riddell, A., & Miguel, N.Z.（2016）The effectiveness of foreign aid to education: What can be learned?, *International Journal of Educational Development*, 48, pp.23-36.

Sabon, S. S.（2019）Evaluasi Peran MGMP di Daerah Terpencil dalam meningkatkan Kualitas Guru Melalui Penyusunan Soal USBN, *Jurnal Penelitian Kebijakan Pendidikan*,12（1）, pp.35-64.

片山信英 (2019)「インドネシアにおけるコミュニティ学習センターの成立過程と地域特性に応じた事業の展開」ボランティア研究、19号、105-112頁。

薮田みちる (2010)「インドネシアにおける中学校の教員の質の現状と課題」(自主研究事業) 財団法人国際開発センター。

**コラム⑤**

# 西ヌサトゥンガラ州の中途退学者の人生

Novtryananda M.S Ghunu　（訳 中矢礼美）

　私は、インドネシアから日本に留学している学生です。このお話は、私の出身地である西ヌサトゥンガラ州の知人エディソン（仮称）から聞いたお話です。

## 1. エディソンの生い立ちと学校

　エディソンは、西ヌサトゥンガラの一番南にある小さなサブ島で 2,501 グラムの赤ちゃんとして生を受け、現在 26 歳になる男性です。

　エディソンはいわゆる「西サブの子」、つまり父親がいないあるいは生まれた時から父親を知らない子で、母親もまた彼が 2 歳の時に亡くなりました。エディソンの姉たちはクパンという西ヌサトゥンガラの首都にいるおばさんに引き取られ、エディソンはサブ島のおじいさんとおじさんの家族に引き取られました。

　エディソンは大きくなり、学校に通って勉強にも励んでいました。

　しかし、彼は 2016 年で中学校をやめました。彼が学校をやめようと自分で決心したのは、中学校 2 年生の時です。学校に行くには、赤道直下のじりじりと日が照る中、9 キロも歩かなければなりませんでした。毎朝とても早く家を出て、家に帰る頃にはもう夕暮れという生活に疲れてしまったのです。実はその頃、彼は成績がよくて毎月 20 万ルピア（日本円にして約 2,000 円）の奨学金をもらっていたにもかかわらず。通常、学校をやめてしまう理由は経済的な問題と言われていますが、彼の場合は直接的にはそうではありませんでした。その奨学金は彼のモチベーションを高めるには役に立たなかったのです。

## 2. 家族にも気づかれないまま OOSCY に

　彼が学校に行かなくなってしまった後、おじさんとおばさんは 1 年間もそのことに気づきませんでした。「自分も、最初はおじさんとおばさんに学校に行ってるとは言っていたんだ。でも彼らは朝早くに畑に行って夜遅くまで帰ってこないから、学校に行っていないとは分からなかったみたい。僕はた

だ家にいて、おじいさんの面倒を見てたんだ。もうすごく年を取っていてかわいそうだったから」とエディソンは学校をやめた当時を振り返ります。

　学校も彼や保護者を呼び出すようなこともなかったし、手紙が家に届くというようなこともなかったということでした。そのため、「学校から聞かれるようなこともないようだし、このまま学校をやめちゃっていいや」と思うようになったそうです。彼のおじさんとおばさんも、学校をやめたことが分かった後、エディソンに学校に戻りなさいと話しましたが、結局エディソンは気持ちを変えることはありませんでした。そして、おじさんとおばさんの畑仕事を手伝ったり、おじいさんと小さないとこたちの世話をして過ごしていました。この状況は、2019 年にエディソンがもう一人のおじいさんがいるクパンに行くまで、3 年間続きました。

### 3. 新しい生活で見つけた天職

　クパンに到着した後、彼はこの街で暮らすことを決心し、サブに帰ることはありませんでした。彼はクパンにある大学の先生をしているおばさんの家族と一緒に暮らすようになりました。小さい頃に別れた一番上のお姉さんは、高校まで卒業し、2 番目のお姉さんは大学まで進学して奨学金ももらうことができていました。そのためエディソンもノンフォーマル教育を受けるように説得されましたが、彼はやはり嫌がりました。

　結局クパンに来てから 1 年間、彼は家の手伝いをしたり、他の人が家を建てるのを手伝うような日雇い労働の仕事を不定期にしてきました。そのような仕事がない時は、家で何も仕事をしないで時間をつぶすだけでした。

　そうこうしているうちに、彼はクパンの海岸、ワルナ海岸で「道の写真家」をしている人たちと友達になりました。ワルナ海岸はクパンの観光地の一つで、たくさんの人が夕陽が海に落ちていく美しい風景を見に来ます。その友達たちが海岸で写真を撮る仕事を見ているうちに、エディソンも写真の世界に興味を抱くようになりました。そして、エディソンは写真でお金を稼ぐことができるまでになりました。でも、カメラは友人から借りているので、もうけは半分しか残りません。1 か月で 150 万ルビア（日本円で約 1 万 5 千円）です。それで 1 か月もしない間に、エディソンはクレジットでカメラを買うことを決心しました。その間、写真のもうけは全てカメラを買うのに費やされました。

## 4．パンデミックで大打撃

　しかし、パンデミックのために、儲けは一気に激減してしまいました。「パンデミックのせいで、一日全く稼げないこともあるんだ」とエディソンは言います。カメラの稼ぎで生きていくのは十分ですかと聞くと、エディソンは「もし、私がおばさんの家に住んでいなくて、部屋を借りていたら、もちろん十分じゃないよ。安定した仕事ではないから、お金は儲かったり儲からなかったりだからね。」彼は続けて、もし結婚することになったら、写真ではとてもやっていけないとから、多分サブに帰って農家に戻るだろうと話します。なぜならより安定した仕事が必要だからということでした。「最低限、家族が食べていけるからね」と。この話は 2022 年 1 月 17 日に電話で聞いたお話です。

## 5．エディソンの人生から中途退学者への支援を考える

　エディソンは、仕事を見つけるのが難しいのは、学校に戻らなかったためだと重々承知しています。しかし、彼は自分の決定を後悔はしていないといいます。彼は農民になることになったとしても、夜遅くまでかかつて遠い遠い学校にまで行く必要を感じられなかったからです。大人になった後も、結局学校や教育からは心が離れてしまいました。このエディソンのお話は、私たちにとって、周りの人たちの様子に心をかけるべきだという教訓です。保護者として、私たちは子たちにもっと色々な夢を描いて学校に行けるよう、やる気を与えなければなりません。そして社会も教育の重要性を理解しなければなりません。そして学校は、学校をやめていく子どもたちにもっと積極的に、心を込めて、学校に戻ることを待ち望んでいると伝えなければなりません。彼らのせいにだけするのではなくて。

コラム⑥

# インドとフィリピンの OOSCY を支援する「めぐこ」

西谷美咲・勝又遥香（上智大学総合グローバル学部4年）

## 1.「めぐこ」の成り立ち

　私たち「めぐこ」―アジアの子どもたちの自立を支える会―は、上智大学学生主体 NGO です。インドとフィリピンの子どもたちが教育を受けられるように、奨学金制度による学資支援をしています。「めぐこ」は、1975年、『恵まれない子どもたちに愛の手を！』という名前で発足しました。当初はインドにある1つの施設への支援から始まりましたが、2年後にはさらに2つの施設への支援を開始し、3年後の1978年にはフィリピンの施設への支援を開始しました。その後、数回の団体名改称や講演会の開催などを経て、徐々に支援施設も増えていき、現在はインドとフィリピンを合わせて2,000人の子どもを支援しています。支援者様から頂いた寄付金は、現地のソーシャルワーカーまたは学校の支援施設に「めぐこ」が直接送金しており、子どもたちの経済状況や学業成績を見て現地の担当者が奨学生を選定しています。私たちは支援先の子どもたちの側に立ち、子どもたちの成長する姿を自分たちの目で責任を持って見守ることで「顔の見える支援」を推進すること、「同じ人間仲間」として対等な立場で子どもたちを支えること、活動を通して日本の経済発展や私たちの生活の営みを改めて考え直す機会を持つ「ライフスタイルの再考」という3つの理念を掲げ、活動しています。

## 2.「めぐこ」の活動内容

　「めぐこ」は、上智大学四谷キャンパスを拠点に、大きく分けて、広報活動と募金活動の2種類の活動を行なっています。広報活動では、HPに加え、SNS媒体にて日々の活動を報告しています。また、年に3回、支援者様に対して発行される会報誌や、年に2回、支援施設に対して発行されるNews Letterも作成しています。募金活動では、チャリティバザー、街頭募金、国際協力NGOが参加するイベントや上智大学内のイベントに参加するなどの活動を通して支援金を集めています。上記の活動に加えて、年に一度のプロのアーティストの方をお招きしたチャリティーコンサートの開催、各地の教育施設で「めぐこ」の活動や途上国支援の課題を交えたワークショップ形式の出張授業などを行なっています。また、インドとフィリピンの支援施設を視察するため、夏休みに「めぐこ」メンバーのスタディツアーも開催されます。奇数年にはインド、偶数年にはフィリピンの支援施設を訪問し、支援者様からお預かりし、送金された支援金が適切に運用されているかを精査し、現地とのパートナーシップをより強いものとすることを目的としています。コロナウイルスの流行により、対面による募金活動やスタディツアーを行うことが難しくなってしまった現在では、状況に鑑みての対面の募金活動に加え、クラウドファンディングで支援金を募っています。2020年から行っているこの活動は、初回に35万円の目標金額を超え、45万円のご支援を頂きました。

## 3. コロナウイルスによる活動内容の変化

　前述したように、コロナウイルスの影響により、対面での募金活動ができなくなり、支援金を集めることが困難になりました。このことにより、支援

先の子どもたちにも大きな影響がありました。学校や寮の閉鎖により、子どもたちはそれぞれの家でコロナ禍を過ごすことになりましたが、その期間、オンライン授業の実施、それに伴うネットワーク環境の整備、経済的困窮、保護者の子どもに対する教育の意識やモチベーションの欠如などの問題が生じました。世界中がコロナウイルスによりオンラインでの活動へと切り替わる中で、経済的事情により教育へのアクセスが遮断されてしまう子どもたちが急増したのです。ロックダウン中、子どもたちが少数グループに分かれて軒先や木の下で授業を受講する試みも行われましたが、先生の数や移動距離などの限界もあり、全ての子どもたちに教育を行き届かせることは困難でした。学校が再開した施設でも、生徒数の制限などにより、教師の負担が増えているという問題もあります。

**4. 実際に活動する中で感じているやりがいや難しさ・葛藤**

　私たちは日本国内での活動が中心であるため、支援している子どもたちの様子を直接見ることが難しく、時に活動の意義を見失いそうになることもあります。特にコロナ禍では、現地との繋がりを保つ難しさをより一層感じました。しかし、現地の子どもたちとのオンライン交流会を新たに実施したり、メッセージ動画や写真を送り合ったりとコロナ禍ならではの交流方法を模索することで、「顔の見える支援」を継続してきました。メッセージ動画では、「めぐこ」の奨学金で一生懸命に学び、学ぶ喜びを感じているという子どもたちの言葉を聞くことができ、活動の意義を再確認するとともに今後の活動へのエネルギーにもなりました。逆境においても頑張る子どもたちの姿を見て、私たちが学ばされることの方が多いです。

**5. 今後の活動への意気込み**

　「めぐこ」は 45 年以上の歴史を持つ、息の長い団体です。その根底には、活動紹介で挙げた 3 つの理念と現地との継続的なつながりがあります。今後も安定的に奨学金を送金するためには、これらの軸を保ちつつ、現地や日本国内の社会状況に合わせて新たなことにチャレンジしていく必要があります。従来の対面中心の募金活動やスタディツアーから、オンラインの選択肢も視野に入れた柔軟な活動へどう転換していくかが今後の課題です。2021 年に実施したオンラインによる施設インタビューや交流会も改善の余地があり、今後も試行錯誤してより良い活動のかたちを追求していきたいと思い

ます。

　「めぐこ」は下記媒体にて日々の活動のご報告や支援先の情報を共有しております。ご興味のある方は是非ご覧ください。

　HP：http://meguko.net/

　リンクツリー：https://linktr.ee/meguko?utm_source=linktree_profile_share&lt-sid=0ec7d507-61d0-4ccb-a472-666c29f64157

　こちらの QR コード、URL のページから「めぐこ」の公式 SNS 等にアクセスできます。

**コラム⑦**

# 東ティモールの学校に行けない子どもたち
―― 教授言語に翻弄される教育現場 ――

須藤玲（東京大学大学院教育学研究科 博士課程／日本学術振興会特別研究員 (DC)）

## 1. 東南アジアの秘境、東ティモールの教育の現状と課題

　東南アジアで思い浮かぶ国々はほとんどが ASEAN に加盟している。それまでの ASEAN は 10 カ国体制であったが、新たにもう一つの国が加わることで原則、合意されたことが 2022 年 11 月に発表された。その新しく加盟する国こそ、東ティモール民主共和国（以下：東ティモール）である。

　東ティモールは 2002 年に独立を果たしたアジアで最も新しい国である。人口のほとんどがカトリック教徒である国、手つかずの美しい自然が広がる国、首都の国際空港の搭乗口が未だに一つしかない国…等、東南アジアでは「マイナー」な国の一つではないだろうか。

　そんな東ティモールの教育の現状と課題を整理しよう。当国の教育を見ていく上で、まず押さえておきたいデータとして、14 歳以下の国民が占める割合を参照したい。当国は 2020 年時点で約 36 ％（World Bank, 2020）と、東南アジアで最も高い国となっている。一言でいえば「若さあふれる国」であろう。裏を返せば、子どもや若者への教育は東ティモールの将来を左右しう

農村部の様子（コヴァリマ県）

る重要なテーマであるといえよう。2022年に独立20年を迎えたが、当国の教育状況は一定程度の改善がみられる。例えば、独立年の2002年における初等教育の就学率(純就学率)は、約70%であったものの、2008年には83.0%、2011年には90%を超え、最新の2018年のデータでは92.3%(World Bank, 2020)まで上昇している。このことから、初等教育における教育機会は一定の改善の傾向が確認できる。

　他方で、独立後、教育をめぐる指標の中で改善傾向が見られないものの一つとして、留年率が挙げられる。**表1**は近年の初等教育の留年率を学年ごとに表したものである。

**表1　初等教育の学年ごとの留年率 (%)**

|  | 2008年 | 2010年 | 2012年 | 2014年 | 2016年 | 2018年 |
|---|---|---|---|---|---|---|
| 1年生 | 30.68 | 32.91 | 33.46 | 25.92 | 26.74 | 22.74 |
| 2年生 | 21.97 | 20.31 | 19.81 | 14.79 | 16.02 | 14.20 |
| 3年生 | 18.82 | 16.25 | 16.44 | 16.44 | 14.20 | 13.58 |
| 4年生 | 15.61 | 12.83 | 12.11 | 13.18 | 11.51 | 10.65 |
| 5年生 | 11.68 | 8.41 | 8.46 | 8.65 | 8.63 | 8.56 |
| 6年生 | 4.46 | 3.84 | 4.68 | 3.13 | 3.64 | 3.72 |

(出典：UNESCO Institute for Statistics を基に筆者作成)

　表1から主に二点を挙げることができる。一点目は、2008年から2018年にかけて、若干の改善がみられるものの、いまだ留年率が高いままであることが挙げられる。前述のように、子どもの教育機会の改善がみられる中、初等教育学校に通い始めたものの、留年する子どもが多い実態がうかがえる。二点目は、2008年から2018年にかけて共通してみられる現象として、初等教育の初期の段階ほど留年率が高いことが挙げられる(表1内の網掛け部分を参照)。特に1年生の留年率は、2年生以降の留年率よりも高いことが読み取れる。たとえば、2018年の1年生の留年率は22.74%であるが、2年生の14.20%と比べて大きな差(8.54%)が確認できる。さらに、この1年生と2年生の留年率の隔たりは、2008年(8.71%)から2018年(8.54%)にかけて、ほぼ横ばいの状態である。

　では、東ティモールの高い留年率の原因は何なのか。なぜ学校教育の「入り口」の段階である初等教育の1年生の留年率が特に高いのだろうか。

農村部の小学校（コヴァリマ県）　山岳部の小学校（リキサ県）　小学校のチャイム（リキサ県）

## 2. 東ティモールの教授言語問題を紐解くための二つの視点

　その理由の一つは、学校で使用する言語（教授言語）にある。東ティモールは多言語国家である。公用語（ポルトガル語とテトゥン語）と準公用語（インドネシア語と英語）に加えて、30以上の地域言語が存在している。ここでの準公用語とは、東ティモール国内で一定の話者数を確保していることから、必要に応じて公的な使用が許されている言語である。

　こうした言語環境の中、学校教育では公用語のみが教授言語として認められている。しかし、国内のすべての地域で公用語の2言語が浸透しているわけではないため、こうした地域の学校教育は、この方針に対応できていない（須藤、2022）。従って、これらの言語に馴染みがない地域の子どもにとって言語が大きな障壁となり、留年や中退の問題が起こってしまうのである。

　しかし、言語多様性だけが東ティモールの教授言語問題を引き起こしているわけではない。もう一つの背景として、東ティモール国民の中で、なじみのある言語が世代によって異なることが挙げられる。これは、東ティモールの歴史的な経緯が関係している。東ティモールは独立に至るまで、約4世紀に渡るポルトガルによる植民（1500年代〜1975年）ののちに、25年間、インドネシアによる「軍事侵攻」に伴う支配（1975年〜1999年）、そして国連による暫定統治（1999年〜2002年）を経験している。学校教育もその影響を受けており、特にポルトガル植民期にはポルトガル語が、インドネシア支配期にはインドネシア語が教授言語として使われた。ここで、主に学校教育を担っている教師に着目すると、その主要な年齢層は30代から50代であり、インドネシア支配期に子ども時代を過ごし、インドネシアの学校教育の下で徹底したインドネシア語教育を受けた世代である。その結果、この世代の多くはインドネシア語を習得している反面、ポルトガル語を習得しておらず、現在定められているポルトガル語による授業が非常に困難である。つまり、教師側も、

子どもたちに教えられるほどポルトガル語の語学力を習得できていない状況にある。

　一般的に教授言語問題の要因は、「生活言語と教授言語のミスマッチ（乖離）」とされているが、それは主に子どもの視点に立ったものとして、広く認識されている。確かに、東ティモールの事例も、子どもの視点に立つと、多様な言語を話す子どもが国内にいる状況で、公用語を教授言語とする学校の授業についていくことができないという状況が教授言語問題を起こしている。他方で、かつて学校教育を通じて身に着けた言語が、現在の学校教育で定められている教授言語と異なることによって、授業の実施が困難であるという教師の境遇も無視できない。このように、東ティモールの教授言語問題は、子どもと教師の両方の視点から紐解く必要があり、複雑な課題であると

農村部の小学校の黒板

いえよう。

## 3. 教授言語がもたらす障壁

　「学校に行けない子どもたち」が生まれる背景は、国や地域ごとに異なるであろう。しかし、多くの ASEAN 諸国が東ティモールと同様に、多言語状況を抱えている。つまり、教授言語によって子どもたちの教育が翻弄されている実態は、決して東ティモール特有の課題ではなく、その他の多言語国家においてもみられるものであると考えられる。一つの国の中に多くの言語が

存在するということは同時に、言語マイノリティ（少数者）が存在すること
を意味する。教育の機会が改善されつつある現代において、子どもや若者が
いまだに学校に行けない要因を考えるうえで、本稿で取り上げた「教室の中
で使われる言語（教授言語）」というテーマが一つの重要なカギとなるであろう。

## 参考文献

須藤玲（2022）「東ティモールにおける「母語を基礎とした多言語教育（EMBLI）」の広
　　域化を阻害する要因の検討―政策形成過程に着目して―」『比較教育学研究』
　　第 64 号、pp.24-46。

UIS（UNESCO Institute for Statistics）. *"Repetition rate by grade (primary and lower secondary educa-
　　tion) and number of repeaters"*. Retrieved from http://data.uis.unesco.org/（Viewed on
　　4th March 2022）.

World Bank. *"Population ages 2-14 (% of total population)"*. Retrieved from https://data.worldbank.
　　org/indicator/SP.POP.0014.TO.ZS?locations=TL（Viewed on 4th March 2022）.

## 第4章

# マレーシアにおける学校に行けない子どもたち (OOSC)
### ──「最後のターゲット」貧困層・遠隔地・先住民に対する教育支援──

鴨川明子

# [1] マレーシアの国と教育

## (1) 民族的多様性を生かす国民統合と経済発展

マレーシアには 33 万 290 平方キロメートル（日本の 0.87 倍）の面積に、3,269 万人（2022 年）ほどの人々が暮らしている（マレーシア統計局）。その最大の魅力は、マレー人、華人、インド人等、多様な民族から構成されていることにある。街を歩いていると、食文化や身にまとう衣装など、いずれをとっても色とりどりの民族的な多様性を見ることができる。

マレーシア政府は、国民を一つにまとめる「国民統合」を目指す過程で、民族的な多様性を巧みに利用してきた。マレー人、華人、インド人という 3 大民族に加えて、半島部マレーシアの先住民族や、サバ・サラワク州の少数民族など、本来マイノリティに位置づくようなエスニック集団をマジョリティに組み入れることで国民統合を実現しようとした。

さらに、国民統合と経済発展という 2 つの目標を達成する過程で、教育は鍵とみなされてきた。歴代首相の多くが教育大臣を経験していることからも、政府がいかに教育に力を入れてきたかがうかがえる。しかしながら、経済開発の過程で力点がおかれる教育段階や教育分野は、各年代の社会経済政策やそれに伴う雇用構造の変化を如実に反映しており、必ずしも初等教育段階の「学校に行けない子ども（以下、OOSC）」の支援に力を注いできたわけではない。それにもかかわらず、他の ASEAN 諸国に比して、マレーシアにおける

OOSC の数が少ないのはなぜであろうか。本節では、社会経済政策が教育に与えるインパクトについて、幾つかの政策文書を用いながら概説し、その理由に迫りたい。

## (2) グローバルな市場を見すえた経済開発と雇用構造の変化

マレーシアの経済開発過程においてグローバル化の影響は大きい。政府はこれまで、折に触れてグローバル化の影響を受けた教育の方向性を教育計画に示してきた。たとえば、2022 年現在、2013 年から 2025 年までの長期的な教育計画を「マレーシア教育ブループリント 2013-2025(以下、ブループリント)」として示している。そのブループリントの中で、政府は、児童生徒に身につけさせたい 6 つの資質能力として、知識、思考力、リーダーシップスキル、倫理性と精神性、国家のアイデンティティ、2 ヶ国語の語学力を挙げている(MOE 2012, p.E-10, pp.25-26；鴨川 2021)。特に、思考力やリーダーシップスキル、2 ヶ国語の語学力などから、政府がグローバルな市場を見すえつつ経済開発を推し進める一方、倫理性と精神性及び国家のアイデンティティといった国民統合とのバランスをとりつつ、長期的な教育戦略を展開していることが分かる。

マレーシア政府のこうした国家戦略は、1970 年の新経済政策(NEP)から始まっている。1960 年代まで、マレーシアの産業・雇用構造は農業中心であるとともに、英領植民地時代に形成された就業構造はエスニック集団別に明確に異なっていた。たとえば、マレー人は権力者や小農・漁民として、華人は錫鉱山の資本家もしくは労働者として、インド人はゴム・エステート(大規模な農園、プランテーションと同義)の労働者として互いに住み分けてきた(吉村 1998, p.210)。

さらに、英領植民地以来の都市部での産業労働は極めて男性支配的であったが、新経済政策によって従来の労働力構造に変化が見られるようになった。政府が、就業比率をエスニック集団の構成比率に見合う程度に調整するために、新しく設立されるあらゆる機関でクォータ制(割り当て制)を実施するよ

う義務付けたからである。これが次節で教育の観点から詳述するブミプトラ政策である。一般に、ブミプトラ政策は、エスニック集団間の格差を解消するためのクォータ制と説明される。この政策によってマレー人を中心とするブミプトラは、優先して雇用機会や教育機会を供与されてきた。

　特に、雇用上のクォータ制は、全ての労働力の30％にも相当する大規模な雇用調整であった。これにより多くのマレー人が自由貿易区の労働集約型・輸出向け産業である製造業で雇用されるようになったが、新たに雇用される労働者の大半は農村地区から移住してきた女性であった (Jamilah 1994, p.51)。そのため、1970年代以前には男性支配的であった労働市場に変化が見られ、製造業全体に占める女性の割合は、28.1％（1970年）から40.1％（1980年）にまで上昇した (Jabatan Perangkaan Malaysia 1996, p.415)。

　この1970年代における雇用構造の変化は、教育にも大きなインパクトを与えた。政府が示す向こう5年間の国家計画である「第2次マレーシア計画1971-75」によると、新経済政策の実現のために、科学技術教育を重視し自然科学系機関を多く設立するとともに、中等教育を農村地区の生徒に普及することを目標に取り組みを進めた。このように、政府はブミプトラを近代セクターで雇用するために中等教育を普及するように努めた結果、1970年代初頭から中等教育段階の在学率が増加し、中等教育段階におけるOOSCの減少をもたらしたと言える。さらに言えば、この時期に中等教育段階における女性の就学率が顕著に増加し、全就学者数に占める女性の数は155,641人（女性の占める割合41.1％）から386,865人（同47.8％）にまで一気に増加している。

## (3) 教育機会の不平等解消を目指す科学技術教育・中等教育の重点化

　続く「第3次マレーシア計画1976-80」も、新経済政策の実現と国家統合を目指す計画である。第3次計画では、熟練労働者のニーズに合う教育システムを構築するために、科学技術教育の重点化、教育の質の向上と効率の追求、研究の発展が重視され、この時期には前期中等教育から後期中等教育までの進学率を高めることを課題にしている。加えて、マレーシア語が教授言語と

して、英語が第2言語としての役割を担うこと、倫理教育が重視されること
の他に、教育機会の不平等が解消されること、サバ・サラワクの教育制度が
国家教育システムに組み入れられることが明記されている。

　特に、教育機会の不平等の解消は、SDGs4「質の高い教育をみんなに」や
SDGs10「人や国の不平等をなくそう」につながる目標である。マレーシアの
場合には、1970年代後半に、教育機会の不平等の解消が既に目標として掲
げられているともとらえられる。ただし、この時期に教育機会の不平等と政
府に認識されているのは、貧富の差、地域差、エスニック集団間の格差であ
り、SDGs5「ジェンダー平等を実現しよう」に関わる性別による格差には言
及されていない。それは、中等教育段階の就学者数に占める男女の割合がこ
の時期既に拮抗していたことが理由の一つである。

　さらに、第4次計画期に、中等教育段階の就学者数が、政府学校及び政府
補助学校や全寮制科学学校などで著しく増加している。同時期に準専門職程
度の人材育成が進み、1990年代の新開発政策（NDP、後に国家開発計画と改称）
のもとでドラスティックに産業構造が変化する。その変化を受けて、1990
年代には、政府が高等教育に重点を置き始め、新しい大学が続々と設立され
るようになる。

## (4) SDGs の基盤となるマレーシア的特質

　1970年代以降の経済開発過程において、産業・雇用構造の変化とクォー
タ制が教育に及ぼすインパクトについて、主にマレーシア計画を用いながら
概説してきた。本節で取り上げたいずれの計画期においても科学技術教育が
強調され、主に中等教育段階で労働市場のニーズに見合う人材育成が行われ
ていた。政府が教育を普及していく際の主要なターゲットはブミプトラで
あったが、時期を一にして（あるいは結果として）中等教育機会を供与された
対象に女性が多かったという、マレーシア的特質が認められる。

　さて、マレーシア政府は2015年にSDGsを批准しており、目標達成に向
けた様々な取り組みを実施している（政府SDGsホームページ）。2016年から5

年計画で実施された SDGs ロードマップには、SDGs4「質の高い教育をみんなに」に対する成果と課題がまとめられている。しかし政府は、経済開発の過程で国民総生産を上げ、エスニック集団間の所得格差を解消するという社会経済政策をとってきたことから、1970 年代には既に目標達成に向かう基盤が整っていたと言うと言い過ぎであろうか。

　マレーシアの文脈において、1970 年代に教育機会の不平等として政府に認識されているのは、貧富の差、地域差、エスニック集団間の格差であり、SDGs5 に関わるジェンダー格差には言及されていないことは改めて強調しておきたい。また、次節で詳述する通り、国民統合のためにブミプトラというマジョリティのカテゴリーに組み入れられた子どもたちこそ教育機会や雇用機会を享受できているが、それ以外の、たとえば外国につながりを持つ子どもたちの教育アクセスや質の問題は未解決のままである（CLC コラム参照）。

　次節では、ブミプトラ政策の教育上のクォータ制に光を当てる。政府がどのようなターゲットに焦点を当て、どのように OOSC を減らす努力を行い、その結果、どのような成果と課題があるかについて論じる。

## 参考文献

鴨川明子（2021）「マレーシア―学力向上策と新しい初等・中等教育カリキュラム」大塚豊監修，牧貴愛編著『海外教育情報シリーズ：東南アジア』一藝社.

吉村真子（1998）『マレーシアの経済発展と労働力構造―エスニシティ，ジェンダー，ナショナリティ』法政大学出版局.

Jamilah Ariffin（1994）, Reviewing Malaysian Women's Status, Population Studies Unit, Faculty of Economics and Administration, University of Malaya.

Jabatan Perangkaan Malaysia（1996）, Laporan Penyiasatan Tenaga Buruh, Malaysia.

MOE（2012）, Malaysia Education Blueprint 2013-2025.

マレーシア統計局　https://www.dosm.gov.my/v1/index.php（2022 年 4 月 6 日閲覧）

マレーシア政府 SDGs ホームページ　http://mysdg.dosm.gov.my/（2022 年 3 月 17 日閲覧）

## ②本　論

### はじめに

　多民族国家マレーシアにおいて、マレー人が非マレー人よりも、優先的に教育機会を獲得できるようになったことは広く知られるところである。ブミプトラ政策（1971 年）と呼ばれるこの政策は、政治的かつ人口的にマジョリティであるマレー人に、優先的に教育機会や奨学金を供与する政策である（竹熊 1998; 杉村 2000; 杉本 2005）。その意味で世界的にも類を見ない政策として、時に批判にさらされることもある。しかし見方を変えれば、先住民や遠隔地の学校に行けない子どもたちの就学を促進し、就学率を向上させてきたという側面があるものの、この「功績」はあまり知られていない。

　ブミプトラ（bumiputera）という語は、「土地の子」を表すマレー語であり、広く先住民を総称する言葉である（加藤 1990: 237）。マレー人と同じくブミプトラであるにもかかわらず、半島マレーシアのオラン・アスリ（Orang Asli）と呼ばれる先住民族の子どもやサバ州・サラワク州に住む遠隔地の子どもの中には、小学校に就学することすら困難な子どもも多い。それゆえ、彼・彼女らは、マレー人を中心とする国民統合を目指してきた政府にとって、「最後のターゲット」であると言える。

　また、この「最後のターゲット」は、初等教育の普遍化（UPE）という国際社会が目指す教育目標（ラスト 5％）とも交差する、最後のターゲットでもある。2000 年代初頭から、マレーシア教育省は、これら残された「最後のターゲット」である子どもの就学を促進し、中途退学を未然に防ぐことを重点課題にして、初等教育を義務化した。そして、2002 年に教育（義務教育）規則（Education [Compulsory Education] Regulation 2002）を施行するとともに、関連する様々な就学支援策を実施した結果、初等教育段階における総就学率は 104.38 ％、純就学率は 98.60 ％（2019 年）に達した（UIS ウェブサイト）。

　このような政府の教育支援により、マレーシアの「学校に行けない子ども

たち（Out-of-School Children: OOSC）」の割合は 1.4 %（2019 年）にまで減少している。マレーシアの OOSC の割合は他の ASEAN 諸国に比して低いが、未だ 41,336 人もの子どもたちが小学校に通うことができていないのも事実である（UIS ウェブサイト）。しかも、この数値の中には、移民や難民の子どもの正確な人数は含まれていないと考えられる[1]。

　そこで、本章では、実態が見えにくいマレーシアの OOSC の現状と課題を明らかにすることを目的とする。この目的の下で、具体的には、以下の2つの問いについて検討する。まず、マレーシアにおいて、いったい誰が、どうして、学校に行くことができていないか（OOSC の特徴と学校に行けない原因）、次に、OOSC に対して、どのような取り組みがなされてきたか（OOSC をなくすための努力）という2つの問いである。研究の目的を明らかにする過程で、政府の強いリーダーシップによる義務教育政策と関連施策を評価するとともに、残された課題を挙げる。最後に、マレーシアが国際機関等からの支援を受け、近隣の ASEAN 諸国と連携しながら、OOSC を削減する可能性についても論じる。

　本章のように「最後のターゲット」である OOSC に焦点を当てた研究は、マレーシアの教育問題をとらえる上で新たな視点を提供する可能性があり、比較教育学において今後発展する余地があると筆者は考えている。

## 1. 研究の枠組みと方法

　ASEAN 共同体は、2016 年 9 月に「OOSCY に対する教育支援を強化するための ASEAN 宣言（ASEAN Declaration on Strengthening Education for out-of-school Children and Youth）」を採択した。この宣言によると、OOSCY は以下の通り定義されている。

　A）コミュニティにおいて学校へのアクセスがない。

　B）就学可能であるにもかかわらず、まだ就学したことがない。

　C）就学したことはあるが出席していない。あるいはドロップアウトする

リスクがある。

D）教育制度からドロップアウトしている。

このような ASEAN 宣言における定義を踏まえて、本章では、マレーシアにおける OOSC を「学校に来ない子ども、来ても来なくなってしまう子ども」と定義する。具体的に、マレーシアの文脈では、①先住民と貧困家庭・遠隔地の子ども、②外国籍・無国籍の子ども、③男子、④障害を持つ子どもの4つのカテゴリーがこの定義に当てはまる。殊に、本稿では、①先住民族や貧困家庭・遠隔地の子どもを主たる分析対象に据えることによって、2000 年以降のマレーシア政府による OOSC をなくすための支援策とその影響をたどり、冒頭で挙げた2つの問いへの答えを示す。なお、「学校に行けない青年（Out-of-school adolescents: OOSA）」の数は 181,772 人（2019 年）と少なくないが、その議論は別稿に譲ることとする（UIS ウェブサイト）。

本章における研究の方法は、以下の通りである。まず、本章の前半部では、初等教育に関する先行研究や先行調査等の第2次資料をレビューし、マレーシアの OOSC の現状と特徴を整理する。前半部で用いる主な資料は、政府が発行する政策文書と統計データ、UNICEF 及び UNESCO（主に UIS）が公表する統計データと出版物である。次に、後半部では、政府による非就学児童生徒に対する支援策や、ドロップアウトを未然に防ぐための支援策とその効果について、半島マレーシアの2州（後述）及び東マレーシア・サバ州における現地調査で得た第1次資料に基づき記述する[2]。

本章では、科学研究費（以下科研費）の助成を受けた3つの研究プロジェクトによる現地調査の結果を参照する。具体的には、義務教育導入後の 2006 年から 2008 年に半島マレーシアのペラ州及びスランゴール州において実施した現地調査（科研費基盤研究（B）（番号 18330179）杉本均代表）、義務教育導入後 16 年から 18 年を経た 2018 年から 2020 年に、東マレーシア・サバ州で実施した現地調査（科研費基盤研究（C）（番号 18K02394）乾美紀代表）、同時期にサバ州で実施した現地調査（科研費基盤研究（A）（番号 18H03659）森下稔代表）の結果をもとに論じる。

　なお、本章の基盤となる科研の研究代表者・乾は、UNESCO が提唱する OOSC に対する 7 つの原則を 4 つの原則にまとめた枠組み（アクセス、継続性、質、柔軟性）を提示している。本章においても、これら 4 つの原則にまとめた枠組みを用い、現状と課題を精査する。

## 2.　初等教育段階における OOSC 数と就学者数の推移

　マレーシアの学校に行けない子どもについて、初等教育段階における推移を UIS の統計を用いて概観したい（図4-1）。義務教育制度を導入した当初から 2019 年まで、OOSC は増減を繰り返している。2000 年代初頭には、106,205 人（2002 年）から 13,035 人（2005 年）まで減少したが、2005 年からさらに増加し 162,369 人（2008 年）に 2000 年代のピークを迎える。その後、増減を繰り返しながら 2000 年代初頭の実に半数以下である 41,336 人（2019 年）に減少している。ただし、断続的に減少しているというのではなく、2014 年に 3,277 人まで一旦減少し底を見た後にも増減を繰り返している[3]。

　一方、地域別に就学者数の推移を概観する。マレーシアは、首都クアラ・ルンプールが位置する半島マレーシアと、サバ州とサラワク州からなる東マ

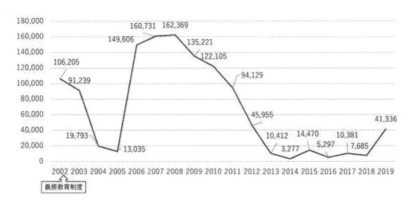

**図4-1　マレーシアにおける OOSC 数の推移（2002 〜 2019 年、初等教育段階）**

出典）UIS ウェブサイト http://unesco.org/en/country/my より作成。（2021 年 10 月 14 日閲覧）

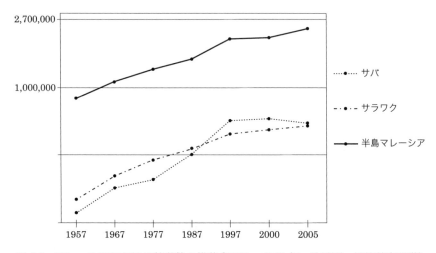

**図 4-2　マレーシアにおける就学数の推移（1957 ～ 2005 年、地域別、初等教育段階）**
出典）MOE2001:11; MOE2005:35.

レーシアという地域に分けられる。**図 4-2** は、マレーシアの初等教育段階
における就学者数を地域別に示したものである。いずれの地域も共通して、
1957 年の独立以降1997 年までの 40 年間に増加の一途をたどっている。半
島マレーシアでは、933,151 人（1957 年）から 2,313,292 人（1997 年）と 40 年間で
2.47 倍も増加している。その後 1997 年から 2000 年まで一旦横ばいになった
が、2000 年から 2005 年まで後述する義務教育政策が導入された時期に再度
増加に転じている。そのため、義務教育政策が就学促進策として効果があっ
たと思われる。

　半島マレーシアと同様にあるいはそれ以上に、東マレーシアのサバ州と
サラワク州の就学者数は、独立後の 40 年間で大幅に増加している。サラワ
ク州では 71,414 人（1957 年）から 263,601 人（1997 人）と 3.69 倍、サバ州では
31,720 人（1957 年）から 301,959 人（1997 年）と 9.51 倍も増加している。サバ州
の就学者数の増加率は他地域に比して高いが、義務教育政策が導入された
2000 年代初頭には、サバ州のみ減少に転じている。また、この時期のサラ
ワク州の伸び率も半島マレーシアほどに高いとは言えない。つまり、義務教

育政策導入前の就学者数の伸び率は半島マレーシアよりも東マレーシア（特にサバ州）の方が高いが、義務教育導入直後には半島マレーシアの伸び率の方が高い。その原因は、半島マレーシアの「最後のターゲット」に対して重点的に教育支援が実施されたか、同様の支援が全国的になされたものの半島マレーシアの方がより高い効果があったと思われる。


## 3. OOSC とは誰か？

### (1) アクター別の支援対象とその特徴

　マレーシアにおいて、いったい誰が、どうして、学校に行くことができていないのであろうか。この第 1 の問いを明らかにするために、マレーシア政府や UNICEF によって支援の対象となっている主要な OOSC について、①先住民と貧困家庭・遠隔地の子ども、②外国籍・無国籍の子ども、③男子、④障害を持つ子どもという 4 つのカテゴリーに分類する。そして、これらの分類別に、各アクターが把握している OOSC の特徴と主たる支援対象をまとめる（**表 4-1**）。

　マレーシア教育省 は、OOSCY に関する ASEAN 宣言のワークショップ（2017）において、先住民、ホームレスやストリートチルドレン、長期病気療養児、触法少年少女、Undocumented Children（ALCs, CLCs）（ALCs は Alternative Learning Centers、CLCs は Community Learning Centers を指す、以下未登録児童生徒）を対象に、政策レベルの支援を実施するというアクションプランを公表している。

　一方、UNICEF マレーシアによる報告書『学校に行けない子どもたち（Children Out of School）』（2019）には、より詳細な OOSC の特徴が示されている。たとえば、就学前教育段階（16.7 %）と前期中等教育段階の最終学年の 14 歳（12.2 %）で最も多いこと、女子よりも男子に多いこと、OOSC の多くは非マレーシア人（Non-citizens）であること、他のエスニック集団よりもブミプトラに OOSC が多いこと、農村地域で OOSC が多いこと、初等教育段階では

表4-1　マレーシアにおいて各アクターが把握する OOSC の特徴と支援対象

| 本稿の分類 | UNICEF（2019） | マレーシア政府（2017） |
|---|---|---|
| ① 先住民と貧困家庭・遠隔地の子ども | ブミプトラに多い。農村地域で多い。 | 先住民に対するインクルーシブ教育 |
| ② 外国籍・無国籍の子ども | 非マレーシア人（Non-citizens）に多い。 | Undocumented Children（ALCs, CLCs）に対する周縁化された子どもへの教育 |
| ③ 男子 | 女子よりも男子に多い。初等教育段階では（ブミプトラ以外の）その他の女子の欠席率が高い。 | － |
| ④ 障害を持つ子ども | 障害がある子どもに多い。 | 特別な教育ニーズを持つ子どもに対するインクルーシブ教育 |
| その他 | 就学前教育段階と前期中等教育段階最終学年（14歳）で最も多い。 | ホームレスやストリートチルドレン、長期病気療養児、触法少年少女に対する周縁化された子どもへの教育 |

出典）本文中に示した各種資料より抜粋。
注）ただし、UNICEF(2019) が示す特徴は、マレーシア・サバ州に特化した特徴である。

（ブミプトラ以外の）その他の女子の非出席率が高いこと等が挙げられている（UNICEF 2019: 1-19）。

　各アクターが把握する OOSC の特徴と主要な支援対象には、外国籍・無国籍の子どもが挙げられているという点で共通点は見られるが、本節では、マレーシア政府と UNICEF とで支援対象に若干相違が見られる点に注目したい。たとえば、政府は必ずしも男子を主たる支援対象としてとらえていない点が挙げられる。その一方、UNICEF の報告書では、女子よりも男子に OOSC の多いことが強調されている。そして、前期中等教育段階における OOSC の割合は、ブミプトラ男子(2.7%)、華人女子(2.1%)、ブミプトラ女子(1.2%)、華人男子(0.0%)の順番で高い。また、同じく前期中等教育段階における居住地別 OOSC の割合は、男子(都市 9.2%、農村 13.6%)、女子(都市 7.9%、農村 4.1%)である。とりわけ農村地域の男子に OOSC が多いという特徴は、就学 前教育及び初等教育段階でも見られる特徴である（UNICEF 2019: 23）。加えて、UNICEF は、その支援対象をブミプトラと明示しているのに対して、マレーシア政府はブミプトラの中でも先住民に特化してとらえてい

る点も興味深い。政府は、ブミプトラの中でも先住民を焦点化すべき OOSC ととらえていることの 表れであると筆者は考える。

## (2) 政府及び UNICEF が把握する学校に行けない原因

　OOSC に対するマレーシア政府の支援について、概説で示した「ブループリント」には、生涯学習、インクルーシブ教育、周縁化された子どもたちに対する教育に重点を置くことがうたわれている。インクルーシブ教育の中に、質を伴う就学前教育、特別な教育ニーズへの配慮、先住民の教育が重点的に挙げられている。また、周縁化された子どもたちへの教育として、ホームレスやストリートチルドレン、長期療養児、触法少年少女、未登録児童生徒を対象に、政策レベルで支援するとしている。

　加えて、マレーシアの子どもたちが学校に行くことができない原因（障壁）に、児童生徒及び親の態度、不平・不満、貧困、労働への参加、家族問題や社会問題、身体的アクセシビリティ、文書や規則、特別な教育ニーズ、慢性的な病気があると政府にとらえられている（OOSCY に関するワークショップ (2017) 資料）。同様に、UNICEF によると、主要な原因に、貧困、教育に対する態度、地理的要因と出生証明等の欠如が挙げられている（UNICEF 2019: 27-31）。

　これら政府と UNICEF が共通して把握している原因として、貧困、教育に対する態度、証明書の欠如が挙げられる。とりわけ、親の教育に対する態度は、筆者が実施した半島マレーシアにおける聞き取り調査でも確認した。たとえば、学校関係者や教育省担当者は、先住民や貧困家庭の子どもの就学に対する「親の意識や態度」が就学の障壁になっていることを指摘していた。そして、子ども本人というよりは、親の意識や態度を変えることを最重要課題ととらえ就学支援策を運営していた（2006 〜 2008 年 ペラ州・スランゴール州の学校及び 教育省でのインタビュー）（鴨川 2008）。

## 4.「最後のターゲット」に対する義務教育政策

### (1)「マレーシア国民」を対象とする義務教育政策

　他の東南アジアの国々と比較して、マレーシアでは、学校に行けない子ど
もの数は減少している。その背景には、政府が先住民族や貧困家庭・遠隔地
の子どもたちを「最後のターゲット」としてとらえ、重点的に多様な支援策
を講じてきたことがある。では、どのような支援策を実施することによって、
OOSC を減らすことができたのであろうか。以下、第 2 の問い「OOSC をな
くすために努力していること」について論じる。

　まず、政府は、先住民族や貧困家庭・遠隔地の子どもをターゲットと定め、
義務教育政策 (Dasar Pendidikan Wajib/Compulsory Education Policy) とその政策を支
援するための様々なプログラムを実施してきた。ブミプトラ政策の下での
初等教育の普遍化は「マレー化による普遍化」の過程であると指摘されてい
る (杉村 2005: 216-217)。一方、同じくブミプトラに分類されているマレー人に
対して、半島部のオラン・アスリ等の先住民族やサバ・サラワク州の遠隔地
の児童には、長らく初等学校に就学することすら困難な状況にあるものも少
なくなかった。教育省は、これら「最後のターゲット」に相当する子どもの
就学を促進し中途退学を未然に防ぐべく義務教育政策を導入した (鴨川 2008)。
さらに、こうした動きに拍車をかけたのは、国際社会が目指す初等教育の普
遍化という流れであったと筆者は考える。

　マレーシアにおいて初等教育は長らく無償ではあったが義務ではなかっ
た。 2000 年代初頭にようやく導入された義務教育政策の目的は、初等教育
段階における 就学率を上昇させ、教育の普遍化を達成することにある。そ
のために、「(2) マレーシアに居住するマレーシア国民の親は、学校暦 1 月 1
日時点で 6 歳の子が、当該年度に義務教育機関に就学することを保障しなけ
ればならない」(1996 年教育法初等義務教育) という親の就学義務を定めている。
このように、義務教育の対象は「マレーシア国民」であることが教育法には
明文化されている。その上、義務教育支援策の目玉の 1 つである貧困生徒信

託基金（KWAPM）も「マレーシア国民」を対象としている。このように、義務
教育政策や関連施策の対象がマレーシア国民に限定されていることが、外国
籍や無国籍の子どもに対する教育支援の障壁になっているという見方もある
（Lumayag 2016）。

## (2) アクセスと継続性を維持する多様な支援プログラム

　マレーシアでは、義務教育規則の施行と連動して様々な就学支援プログラ
ムが導入されてきた。就学支援プログラムには、貧困生徒信託基金や奨学金
等の経済的援助、給食計画や学校ミルクプログラム、食料補助等の食料援助、
交通補助やセーフティジャケット補助の通学援助等、その支援の範囲は多岐
にわたっている（**表4-2**）。たとえば、2021年現在、貧困生徒信託基金は初等
学校のすべての学年の子どもと前期中等学校の1年生を対象に実施されてい
る。この基金を通じて、一定基準以下の家庭に補助金が給付されている（教
育省ホームページ）。そして、これらの施策は、4つの原則の中でも主にアク
セスと継続性を重視した施策である。

**表4-2　就学支援プログラム**（単位：100万リンギットマレーシア）

| 種　類 | 計 |
|---|---|
| 貧困生徒信託基金（KWAPM）（初中） | 200.0 |
| 奨学金 | 200.0 |
| 教科書貸与計画（初中） | 160.4 |
| 低所得者手当（初中） | 6.8 |
| 給食計画（RTM） | 183.2 |
| 学校ミルクプログラム | 21.8 |
| 補習バウチャー計画 | 181.9 |
| 貧困生徒に対する全寮制学校（中） | 2.8 |
| 交通補助 | 7.4 |
| 食料補助（初中） | 531.6 |
| セーフティジャケット補助 | 2.0 |
| 合　計 | 1497.9 |

出典）Ministry of Education 2006:97；鴨川 2008.
注）括弧書きは対象となる教育段階を表す（教育省担当者へのインタビューによる）。

## 5. 遠隔地の学校（サバ州）と先住民の学校（ペラ州）

### (1)「来ても来なくなってしまう子ども」を学校につなぎとめる寮

　半島マレーシアにおいて、筆者が義務教育制度の導入直後に実施した調査によると、教育省では、義務教育制度の導入が就学率の向上に寄与したという認識が一般的であった。また、教育省は、就学率を向上させるために、子ども本人よりも親の就学への理解を促すことに重点をおいてきた。ただし、一口に親の理解を促すと言っても、多様なアプローチが必要になると考えられる。たとえば、寮がその一例である。

　義務教育政策と一連の施策が実施され始めてから17年を経て、マレーシア・サバ州における国境地域のL村にて調査を実施したところ（2019年3月、同州公立小学校2校調査）、筆者は、学校が近くにないために行けないというよりもむしろ、近くに学校はあるが親の手伝いのために「来ても来なくなってしまう子ども」の存在を知ることとなった。そして、親の手伝いに随行せざるを得ない家庭の事情を抱える子どもに対して、学校へのアクセスを保障し、継続性を維持する上で、寮が効果的に機能していることを教えられた。

**サバ州国境地域のL村小の寮**

（2019年3月　筆者撮影）

　L村小学校の寮は、2014年から学校の敷地内に建てられており、2019年3月現在、74人中49人（全児童数の66.2％）もの子どもが寮を利用している。筆者が驚いたのは、寮を利用している子どもは、全員村の出身者であるという点である。筆者は、この小学校を訪れる前まで、寮は家から学校までの距離が遠いために、教育へのアクセスを阻むような場合に機能するという認識を抱

いていた。ところが、L村には子どもが歩いて無理なく通うことができる程度の場所に小学校がある。したがって、学校から家までの距離はあまり問題ではなく、別の理由により寮を利用している子どもが少なからずいると思われる。それが、「親の仕事の手伝いのために学校に来ても来なくなってしまう子ども」である。親が長期間村から離れた場所に農作業に出稼ぎに行く際に、子どもは親に随行し、そのまま学校を休みがちになってしまう。こうした子どもたちが、寮を利用することにより親の農作業には随行せずにすみ、その結果、ドロップアウトを未然に防ぐことができるようになった。それゆえ、L村出身者の入寮希望者は非常に多く、希望してもすべての子どもが利用できるわけではないという課題も残されている（2019年3月サバ州L村公立小学校校長に対するインタビュー）[4]。

## (2) 先住民の親のインセンティブになる給食・補食

　教育支援プログラムの中でも、給食計画（1億8,300万リンギットマレーシア、以下同じ）や学校ミルクプログラム（2,100万）、食料補助（5億3,100万）等の食に関わるプログラムに多くの予算が割かれている（表4-2）。その結果、筆者がこれまで訪問したマレーシアの学校で、補食プログラムを実施する学校は多かった。補食プログラムにより提供される食事は、ミーゴレン（マレーシアの焼きそば）等の麺類やバナナ等の果物と飲み物という簡素な組み合わせではあるが、アクセスと継続性の維持に一定の効果があると思われる。それは、寮と同じく子ども本人をつなぎとめる意味合いもさることながら、親が学校に子どもを送る上でのインセンティブにつながると考えられるためである。

　たとえば、オラン・アスリの子どもが通学するペラ州のU国民学校（オラン・アスリ学校）では、全校児童34人が各種食料補助プログラムの対象になっていた。そして、このプログラムの下で、20種類程度のバリエーションから対象者に食事が提供されていた。また、同校では4年生から6年生までの9人が、補習バウチャー計画の対象にもなっており、1週間に2日程度、マレー語、英語、理科、算数の補習を受ける機会が提供されていた（2006～2008年

補食プログラムにより提供される食事　　補食プログラムにより提供される飲み物

ペラ州公立オラン・アスリ学校でのインタビュー)。

　以上、政府は、義務教育法制度と関連施策によって、学校に来ない子ども、来てもすぐに来なくなってしまう子どもに対して、ターゲットを明確に定めた上で、経済的援助や寮、補食プログラム等の様々な支援を実施してきた。これらの支援は、一人の子どもに対して複数の支援を組み合わせて提供されている点も重要であろう。特に、義務教育政策の導入から17年を経て訪問したサバ州の遠隔地の学校では、児童が寮を利用することによるアクセス及び継続性の面からの効果が見られた。しかしながら、施設・設備、教員の質、学力・学習障害や出席率の低さ等の教育の質に関わる多くの問題点が、学校管理職や教師から指摘されている。また、子どもに職業教育や職業訓練も含めたより多くの選択肢を提供するという意味での柔軟性の原則に関する事例は、これまでの調査では十分に把握できていない。

## おわりに

　本章の目的は、学校に行けない原因とOOSCをなくすためにしている努力の2点について整理することを通じて、実態が見えにくいマレーシアのOOSCの現状と課題を明らかにすることにあった。まず、他のASEAN諸国

よりもいち早く初等教育の普遍化を達成しているマレーシアの事例について、どのような点が功を奏してきたかを義務教育制度・政策を中心に整理する。それとともに、どのような点がさらなる課題となるのか、国際教育協力ネットワークの可能性を手がかりに明らかにしたい。

　まず、教育の普遍化に向けた就学率の向上に寄与してきた点を挙げる。第1に、マレーシア政府は、教育支援の対象を「最後のターゲット」である先住民族や貧困家庭・遠隔地の子どもに特化して支援策を実施した点が挙げられる。第2に、教育省や学校関係者は子どもが学校に行くことができない原因のうち、とりわけ「親の就学に対する理解のなさ」に着目し、親の理解を促すことを主眼に多様な支援プログラムを実施してきた点が挙げられる。第3に、該当する子どもやその親に対して複合的な支援を提供してきた点も重要である。以上の3点が功を奏し、「最後のターゲット」である子どもに対するアクセスの向上と継続性の維持という課題の解決につながった。とりわけ、アクセスの向上という原則から見れば、政府の強いリーダーシップの下で就学率を向上させてきたマレーシアの事例は、グットプラクティスであると評価できる。ただし、上述した通り、教育の質や柔軟性という原則から見れば、依然として課題が残されている。

　次に、それら残された課題を2点挙げる。第1に、政府が国民統合を企図して「最後のターゲット」を明確に定めたがゆえに、それ以外の子どもたちに支援が行き届いていないという点が挙げられる。殊に、「マレーシア国民」ではない、外国にルーツを持つ子どもたちが支援の対象から外れてしまう場合があり、インドネシアやフィリピンにつながりを持つ子どもたちの就学問題は近年顕在化している。公立学校へのアクセスは、少なくとも法制度上「マレーシア国民」に限定されているため、インドネシア政府から認可された学校やその分校であるALCsやCLCs等へ就学せざるを得ない。これらの「学校」へのアクセスは飛躍的に増大し、その意味で多くの子どもたちにとっての教育機会は保障されるようになってきている。しかしながら、「性別、国籍、民族等に関わらないアクセスの保障ができている」という観点から、

UNESCO の提唱するアクセスの原則を厳密にとらえるとすれば、外国にルーツがある子どもたちに対して公正な教育機会がひらかれているとは言いがたい。なぜならば、マレーシアの公立学校に比して、これらの「学校」は、十分な教育の質や多様な教育機会を提供しているとは言えないからである。この点はまた柔軟性や教育の質の問題にもつながるため、今後課題として検討していく必要がある。

　第2に、マレーシア政府のとらえるべき「最後のターゲット」の問題が挙げられる。本来的に最後のターゲットとなるべきは外国籍・無国籍の子ども（その多くは未登録児童生徒）であると思われる。しかしながら、先住民族等への手厚い就学支援に比べて、外国籍・無国籍の子どもに対する就学支援には課題が残されている[5]。さらに、筆者は、彼・彼女らの就学問題を解決する鍵は、国際機関や NGO を中心とする 教育協力や ASEAN 域内の連携も含めた教育支援ネットワークにあると考える。2020 年現在、マレーシア政府は、「OOSCY に対する教育支援を強化するための ASEAN 宣言」の下で、アクションプランを提示するとともに、データ分野での ASEAN 域内協力を推進していく意向を示している（2020 年 UNESCO バンコク宮沢氏へのインタビュー）。しかしながら、他国と同様に OOSC の数を正確に把握し、公表することができていないだけでなく、UNESCO や UNICEF 等の国際機関が公表する数値と政府が発表する数値と異なっている場合もある。そのため、マレーシア政府が、データ分野を主軸に ASEAN 域内での連携協力を主導するためには、今後、実態に即した正確な OOSC の数量データの把握と、それを他国に先駆けて公表するという役割が期待される。その上で、タイ政府 とともにマレーシア政府も参加している、EEA（Equitable Education Alliance）という新たなネットワークを活用しながら、域内でのリーダーシップを発揮していくことが望まれる。

　今後、マレーシア政府は、近隣の ASEAN 諸国とともに連携して、どのように新たな最後のターゲットを削減することができるのであろうか。現在は個別に実施している中央政府、地方政府、国際機関（UNICEF・UNESCO）と各

種 NGO の取組が、いかに連携して国際教育協力ネットワークを形成してい
くかについて明らかにすることが課題である。

【謝辞】東マレーシア・サバ州の教育研究者である金子奈央講師（長崎外国語大学）
　　に、調査地の選定、専門的知識の提供、現地調査の実施に至るまで非常に手厚
　　くサポートしていただいた。また、早稲田大学ボルネオプロジェクト（サバ州の
　　学生ボランティア活動）を支援してこられた岩井雪乃准教授、大阪市立大学の祖
　　田亮次教授には、調査地を選定する上で情報提供や助言をしていただいた。関
　　係諸氏に深く感謝する。

## 注

1　宮沢一朗氏（Programme Specialist, UNESCO Bangkok）に、乾美紀氏、森下稔氏と
　筆者はオンライン・インタビューを実施した（2020 年 8 月 6 日）。
2　サバ州の概況やサバ州における調査の詳細は、鴨川・金子（2020）に詳しい。
3　UNESCO が公表する数値とマレーシア政府が公表する数値とに開きがあるこ
　とにも留意したい。たとえば、2017 年の UNESCO 発表の数値は 58,264 人である
　のに対して、教育省が示す人数は 41,794 人であり、実に 16,470 人のもの差がある。
　さらに、2021 年現在ウェブサイト上の数値は修正されている。
4　マレーシア・サバ州のシピタン地区教育事務所は、L 村小学校を含む初等学校
　25 校、中等学校 4 校を管轄している。同事務所管轄では、郊外（Luar Bandar）に
　ある 4 つの初等学校が 寮を設置している（2019 年 3 月地区教育事務所担当者に
　対する金子奈央氏とのインタビュー）。
5　本稿では紙幅の関係から詳細を論じることはできなかったが、コタキナバルイ
　ンドネシア人学校（SIKK）やその分校である CLC は、マレーシア政府とインド
　ネシア政府との二国間連携により設立された。校長によると SIKK に対する国際
　的なサポートはまだないが、マレーシア政府とインドネシア政府が互いのメリッ
　トを認識しつつ緊密な二国間連携をとっている（2019 年 9 月サバ州のインドネシ
　ア人学校におけるインタビュー）。なお、インドネシア人学校の詳細については、
　鴨川明子（2023）「サバ州におけるインドネシアにルーツを持つ子どもの就学機会
　とその課題―国境・境界地域に行き届く国民教育の透過性―」北海道大学スラブ・
　ユーラシア研究センター『境界研究』第 13 号に詳しい。

## 参考文献

Lumayag, Linda A. (2016), A Question of Access: Education Needs of Undocumented Children in Malaysia, Journal Asian Studies Review, Volume 40, Issue 2, pp.192-210.

Ministry of Education, Malaysi (a 2001), Education in Malaysia: A Journey to Excellence.

Ministry of Education, Malaysia (2005), Malaysian Educational Statistics 2005.

Ministry of Education, Malaysia (2006), Pelan Induk Pembangunan Pendidikan (PIPP) 2006-2010.

Ministry of Education, Malaysia (2012), Malaysia Education Blueprint 2013-2025.

UNESCO (2020), 2019 Global Monitoring Report: Migration, displacement and education: building bridges, not walls.

UNICEF (2019), Children Out of School: Malaysia, The Sabah Context.

加藤剛 (1990)「「エスニシティ」概念の展開」坪内良博編『講座東南アジア学 第 3 巻 東南アジアの社会』弘文堂、215-245 頁。

鴨川明子 (2008)「マレーシアにおける義務教育制度の導入とその背景」科研最終報告書 (研究代表者 杉本均)『義務教育の機能変容と弾力化に関する国際比較研究』、249-266 頁。

鴨川明子・金子奈央 (2020)「国境地域に行き届く国民教育制度：マレーシア (サバ州) —インドネシア (北カリマンタン州)」日本比較教育学会『比較教育学研究』第 60 号、148-16 頁。

杉本均 (2005)『マレーシアにおける国際教育関係—教育へのグローバル・インパクト—』東信堂。

杉村美紀 (2000)『マレーシアの教育政策とマイノリティ—国民統合のなかの華人学校—』東京大学出版会。

杉村美紀 (2005)「第 7 章 マレーシアにおける初等教育普遍化の過程と課題—多民族社会における国民教育の普及と国民統合問題—」米村明夫編『初等教育の普遍化—実現のメカニズムと政策課題—』(独) 日本貿易振興機構アジア経済研究所、195-219 頁。

竹熊尚夫 (1998)『マレーシアの民族教育制度研究』九州大学出版会。

### 参考ウェブサイト (すべて 2020 年 10 月 16 日閲覧)

ASEAN宣言 https://asean.org/wp-content/uploads/2016/09/ASEAN-Declaration-on-OOSCY_ADOP TED.pdf

UNESCO Institute for Statistic (s UIS) http://data.uis.unesco.org/

| | マレーシア・サバ州におけるインドネシア政府 |
コラム⑧

コミュニティ学習センター（CLC）

ディヤ・ラマワティ・トハリ（早稲田大学大学院アジア太平洋研究科院生）
英訳及び追記・編集　鴨川明子（山梨大学）・冨田理沙（山梨大学学部生）

## 1. 教員として4年間働いた経験

筆者は、マレーシア・サバ州におけるインドネシア政府コミュニティ学習センターにおいて、教員として4年間教える機会に恵まれ、現在は早稲田大学大学院の博士課程でコミュニティ学習センター（Community Learning Center: CLC）をテーマに博士学位を取得しようと、勉学に励んでいる。

インドネシア1945年憲法の前文に、インドネシア国外に住む国民を含め、住んでいる場所に関係なく、すべての国民が教育を受けられることを政府が保障するための目標が示されている。実態はどうであろうか。

以下、日本ではあまり知られていないインドネシアにつながりを持つ子どもたちが通う、マレーシア・サバ州におけるコミュニティ学習センターについて紹介したい。

## 2. コミュニティ学習センター設立の背景

マレーシア・サバ州には多くのインドネシアの子どもたちが住んでいる。州都コタキナバルのインドネシア総領事館とタワウのインドネシア領事館のデータ（2015年）によると（地図参照）、マレーシアにおけるインドネシアの学齢期の子どもたちの数は53,687人に上る。このうち、24,856人は教育を受けているが、残りの28,831人は教育を受けていない（教育文化省、2016年）。インドネシア政府は、サバ州に住むインドネシア人の子どもたちのために、コタキナバルにインドネシア人学校を建設し、不就学問題に対応することをマレーシア政府と合意した。この学校はコタキナバル・インドネシア人学校（Sekolah Indonesia Kota Kinabalu：SIKK）と呼ばれる。

しかしながら、インドネシア人学校から遠く離れて住んでいるために、この学校にも通うことのできない子どもたちが多く存在している。油やし農園の中央部に住むインドネシアの子どもたちが、その代表である。そのため、2011年から、インドネシア政府は、油やし農園の中央部やコタキナバルから遠く離れたところに住むインドネシアの子どもたちに教育を提供できるよう、コミュ

**コタキナバル・インドネシア人学校**

ニティ学習センタープログラムを導入した。これまでに、サバ州全土のプランテーションに、約232校のコミュニティ学習センターが設立されている。その他にも西海岸のクニンガウ、サンダカン、キナバタンガン、ラハッダトゥー、タワウなどにコミュニティ学習センターが建設されている（地図参照）。

### 3. コミュニティ学習センターのシステム

　コミュニティ学習センターは、サバ州の油やし農園にのみ設立が認められている。コミュニティ学習センターは、アブラヤシプランテーションの企業の社会的責任（CSR）に基づき、2011年からマレーシア政府の承認を受けており、教育省の特別な許可のもとで設立されている。ただし、マレーシアの教育制度には準じておらず、非公認の学校に位置づけられている。コミュニティ学習センターには、初等教育（日本の小学校相当）と中等教育（同中学校）を提供する2種類がある。小学校のコミュニティ学習センターと比較すると、中学校のコミュニティ学習センターはクラス数が多く、そのほとんどのクラスはメインとなるコミュニティ学習センターの建物から遠く離れている。こうしたクラスはインドネシア語で「学習所（Tempat Kegiatan Belajar：TKB）」と呼ばれている。

　サバ州にあるコミュニティ学習センターの教員は、非公認の学校でありながら、インドネシアの普通学校と同様にインドネシアの国家試験を受けなければならないという、非常に特殊なシステムを採用している。また、コミュニティ学習センターは、インドネシア教育文化省のリストにも登録されている。このリストには、国内および国外にあるインドネシアの学校の特色や教員、児童・生徒に関するすべての情報が記録されている。コミュニティ

学習センターの指導方針は、インドネシア政府（教育文化省）によって決定されており、サバ州での管理運営は、サバ州におけるインドネシア総領事館とインドネシア人学校によって行われる。教育文化省は、コミュニティ学習センターの運営を維持管理するために、サバ州のインドネシア人学校をコミュニティ学習センターの本校とし、コミュニティ学習センターをインドネシア人学校の分校に位置付けている。

　また、インドネシア政府によって任命されたコーディネーター（またはリエゾンコーディネーター）も存在する。コーディネーターは、マレーシアにおける教育文化省の代表などの関係者とコミュニティ学習センターの教員との連絡調整を行う。コーディネーターの管轄は、コタキナバル、サンダカン、

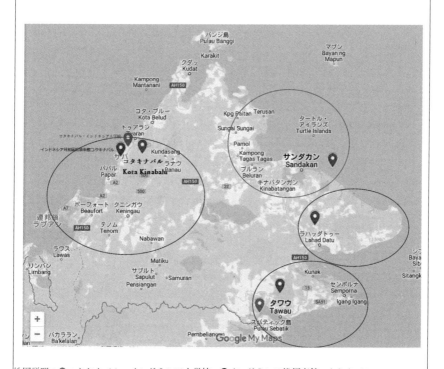

地図説明：●コタキナバル・インドネシア人学校　●インドネシア総領事館コタキナバル
　　　　●インドネシア領事館タワウ　●コーディネーターの作業地域（青い円は、コーディネーターの管轄範囲を示す）

ラハッダトゥー、タワウの４つの地域に分かれており（地図参照）、それぞれの地域において約10〜20校のコミュニティ学習センターを受け持っている。また、各コミュニティ学習センターにはコーディネーターとして任命された教員が存在する。このコーディネーターは、コミュニティ学習センターの管理運営を任っている。

　サバ州のインドネシア人学校は、コミュニティ学習センターの本校として、学校評価、国家試験、助成金の支払い、モジュールの取得、コミュニティ学習センターの手配、コミュニティ学習センターの合法性の維持など、サバ州全体でのコミュニティ学習センターの教育計画を実施する権限を持つ。

## 4. 学習の実際

　コミュニティ学習センターで教員としての経験はとてもすばらしいものだった。筆者の経験から、たとえば、多くのコミュニティ学習センターは、柔軟に教材を用意したり、短く学期を運営したりすることに加え、柔軟に児童生徒の教育要件を整えていたのである。一方、私が以前に教えていたコミュニティ学習センター（CLC Pontian Fico）のような一部のコミュニティ学習センターでは、校舎をヒューマナ（Humana）と呼ばれるNGOスクール（小学校を提供するNGOが運営する学校）と共有しているため、教室外で活動しなければならない日や、ヒューマナの終業時刻まで待たなければいけない日もあった。教員は、インドネシア政府から派遣された教員である。マレーシア当局の合意に基づいて、毎年派遣される教員の割り当ては、同じ年に本国に送還された教員の数に等しい。教員は、１年間の教育許可と居住許可の複数の入国ビザの発効を受け、２年間雇用されるほか、ビザは１年間延長することも可能である。

　当時の筆者の経験から、基本的に、教員の仕事はプランテーションで家族の仕事を手伝う必要のある児童・生徒を指導することにある。また、ほとんどのコミュニティ学習センターで、学習内容はそれぞれの児童・生徒に合わせて調整されている。コミュニティ学習センターからコタキナバル・インドネシア人学校および最寄りの都市までが遠く、教員が教材を準備したり購入したりすることが難しく、施設や教員などのリソースも限られている。そのため、時間割を柔軟に運用したり、リフォームされた部屋で学習したりすることが多い。児童・生徒はインドネシア国民であるが、マレーシアで生まれ育ったため、インドネシア語よりもマレー語をよく理解している。学習の際

に、教員はインドネシア語とマレー語の両方を用い、これらの言語の違いに留意しながら、児童・生徒が教員の指示を理解できるよう努める。このような柔軟な学校経営体制は、コミュニティ学習センターが非公認の学校であるために見られる特徴である。

コミュニティ学習センターの管理運営上、教員の役割は非常に重要である。筆者が 2020 年に実施した調査結果では、授業での教員の行動と生徒の成績には重要な関係があることが示された。インドネシアの子どもたちに教育サービスを提供するという教員のたゆまぬ努力と、コミュニティへの社会化と、子どもたちを学校に通わせる親の意識の高まりにより、コミュニティ学習センターは柔軟な管理運営体制にとどまらない。プランテーションの中央に位置していることから、包括的ではないまでも、様々な関係者の協力のおかげで、ほとんどのコミュニティ学習センターは、コタキナバル・インドネシア人学校と同様の学習システムを導入し始めている。しかしながら、学習所ですべての科目とすべての学年を教えることができる教員は 1 人か 2 人しかいないのも事実である。さらに、インドネシア政府は、サバ州で教える教員に対し、教育ツールを活用した研修や支援も積極的に行っている。

**参考文献**

インドネシア憲法 1945 年.
教育文化省 (2016) スマートインドネシアプログラムに関する 2016 年インドネシア教育文化大臣規則第 19 号 , p.1, ジャカルタ.

| コラム⑨ | 世界トップレベルの学力を誇るシンガポールの学校離脱者 |

シム チュン・キャット（昭和女子大学）

## 1. 嘘のような本当の話

　小学校からの離脱率 29％、中学校からの離脱率 36％、合わせて同年齢層の 3 分の 2 近くが中卒の資格すら持たないまま社会に出ていってしまった時代がかつてシンガポールにもあったことは、今から振り返ると、嘘のような事実であった。

　学校からの高い離脱率は、1970 年代前半、つまり半世紀前のシンガポールの教育現場の現実を反映したものであり、21 世紀に入ってから国際学力比較調査で常に高い評価を獲得し続けてきたシンガポールから考えて、隔世の感があると言わざるを得ない。では、この 50 年の間に、学校離脱率の激減も含め、同国の教育制度はいったいいかなる軌跡をたどってきたのだろうか。

## 2. 百「校」繚乱の時代

　1964 年東京オリンピックが開催された翌年に、マレーシア連邦から半ば追放される形で分離独立したシンガポールの学校教育は、バラバラなモザイク状態にあった。

　Sim (2019) でも詳述されている通り、独立前の長い間、当時の宗主国イギリスにとっての最大関心事は直轄植民地シンガポールの貿易と商業であって、当地住民の教育などは二の次のこととなっていた。イギリスによって創設され、現地政府に勤める中下級役人や商業活動を支える人材の育成を主な目的とした数校の官立学校以外の学校設立はレッセフェール、つまり自由放任主義に基づいていた。

　そのため、ミッション系学校などの宗教学校や民族ごとの血縁・地縁組織、そして政治団体、慈善団体もしくは篤志家などが創立・運営していた学校が無秩序的に乱立し、学校によっては教育の方針と取り組み、またその内容とレベルだけでなく、授業での使用言語や教員の資質能力までが四分五裂の状態に陥っていたことは想像に難くない。商業都市ゆえの教育関心の高さに加え、小国であるゆえに学校へのアクセスの容易さで、独立した 1965 年当時、

毎日行われる朝会は国歌斉唱から始まる　　朝会後はホールから各教室へ移動

シンガポールにおける就学率はすでに高かったものの、このような百「校」
繚乱の時代にあっては、統一性に欠ける学校教育は今後の国づくりの足かせ
になると考えられていた。

### 3.　二言語政策の導入

　そもそも多民族国家シンガポールは、19 世紀初頭から新天地を求めて中
国、インドや周りの国々からやってきた移民の子孫によって形成された国で
ある。しかも、初期の移民の多くが中国とインドのような「山や川を越えれ
ば言葉が変わる」という「方言の超大国」から来たために、言葉、ひいては学
校教育は初めから複雑さを極めていた。例えば、一言「シンガポールの中華
系」といっても、福建系、広東系、海南系、客家系、上海系などという非中
華系でもわかるような違いもさることながら、同じ福建系でも安渓系、南安
系、厦門系、福州系、福清系などにさらに枝分かれして、方言の福建語といっ
ても、程度の差こそあれ、それぞれ異なってくるのである。

　このような背景のもとでは、独立当時のシンガポールはまさに「言葉のデ
パート」状態だったのである。各民族の文化継承とアイデンティティを維持
していくと同時に「シンガポール人」という一つの国民を形成すべく、まず
各民族内の共通語を設定し（例えば、現代中国の「普通話」にあたる「華語」を中華
系同士の標準語に）、さらに旧宗主国の言葉であり行政と商業の言語である英
語を異民族間の共通語にする、という二言語政策が新しい国づくりを進める
のに重要であったことはここで改めて強調するまでもない。

　こうした中で、学校教育の統一性を図るべく、二言語政策に関する法規定
を整備したうえで、国による学校補助金供与や教員給与負担などの「ニンジ
ン政策」を提示することなどによって、それまで私立であったほとんどの学

校は教育省の管轄下に置かれるようになった。一方、財政的基盤があり、自主権の放棄を拒む残りの私立学校でも、人気低迷に伴う入学者減や定員割れなどの厳しい現実に直面したことから、国の方針に従わざるを得なくなった。加えて都市国家ゆえに、教育省本部から国内のどの学校も車で1時間圏内にあることが、学校教育に対する規制と統制の強化に好都合であった。

　こうして、すべての学校に二言語政策が導入され、中華系なら華語と英語を、マレー系ならマレー語と英語を、インド系なら南インドの言葉であるタミル語と英語を学校で学ぶことになった。しかし皮肉なことに、まさにこの二言語政策が強化されたがために、冒頭で述べた、70年代初頭における小中学校からの高い離脱率が発生したのである。

**小学校校舎の壁に掲げられている「ビジョン」**

#### 4. 学校教育の「浪費」

　当時の政府レポートによれば、1970年代の半ばになっても学校離脱率は高止まりの状態が続き、高校進学率に至っては15％弱という非常に低いレベルにあった。問題の根っこは、二言語政策が強化される中で、85％もの子どもが家で話されない言葉で学校の授業を受けていたことである。とりわけマジョリティを占める中華系の場合、大多数にとっての母語は方言であり、標準語の華語でも共通語の英語でもなかったのである。その結果として多くの児童生徒が授業についていけず、学校から去ることになってしまったと同レポートは報告した。なお、後述するシンガポールの複線型教育は小中高全

段階で実施されているため、本稿では児童生徒という呼称を用いる。

　学校離脱者はいわば教育の「浪費」であるとされ、そのような「浪費」を解消するためには二つの方法しか考えられなかった。一つは教育のレベルを下げること、もう一つは潜在的離脱者の異なる能力に合わせたコースを設置することであった。天然資源皆無で、新しい国を興す人材の育成を国策の柱としたシンガポールが選んだ道は言わずもがな後者であった。こうして小学校段階から、児童生徒を能力別にふるい分ける複線型教育制度が1979年に初めて同国で登場したわけである。

### 5.　学校離脱率の急減

　複線型教育のもとで、児童生徒は小学校高学年から各々の能力と合った学びを通して、マイペースに学校生活を送ることができるようになった。そのために、例えば、小学校における離脱率は年々下がり続け、1970年代の約3割から、1990年代に約5%、2010年代には2%弱、そしてついに昨今の1%未満という低率となった。

　国連にも公式に承認された、国際NGOセーブ・ザ・チルドレンが公表したグローバル・チャイルドフード・レポート2021によれば、2015年から2019年にかけての5年間において、シンガポールにおける小中学校からの平均離脱率は0.2%とデータのある国の中で最も低い数字を示した。ちなみに、同レポートが発表した、子どもの教育とウェルビーイング（心身的健康）の保護を指標化した国別ランキングでは、シンガポールは世界186ヵ国中1位であった。

　シム（2019）でも詳しく説明されている通り、学校離脱率の低さの背景には、義務教育が今日でも小学校までではあるものの、既述した教育への関心およ

子どもによる発表が多い　　　　毎週5コマはある体育の様子

び学校へのアクセスの高さに加え「下に、下ほど、下こそ手厚い」経済的支援措置の充実および子どもの学習活動のためだけの教育貯蓄口座の設置、そして 21 世紀に入ってからの知識偏重教育からの脱却、そのうえ児童生徒を能力別に振り分けるコース別配置から科目ごとの習熟度別クラス編成への転換、さらに小学校修了試験に 2 回以上挑戦しても合格できないごく一部の小学生を受け入れる職業訓練系の中学校の設置などが挙げられる。したがって、昨今のシンガポールにおいて、学校からの離脱率よりは民族間の学力格差が教育課題となっている。

　もっとも、それぞれの民族のニーズに合わせて低社会経済階層の児童生徒

**学力の低いクラスでは 2 人の教員が少人数に指導**

に月謝の安い補習塾を提供したり、学外教育活動を実施したり、保護者へのサポートを進めたりするなどの事業を展開する自助団体が存在すること（シム 2017）、そして、低学力の児童生徒にはセカンドチャンスやサードチャンスの道が用意されており、努力して良い成績を収め続ければ、最終的には大学への編入も可能であること（シム 2009）もここで記しておく。

　ともあれ、低学力層を含め、シンガポールの児童生徒の学力が世界的に比較的高水準にあることは、国際学力比較調査からも明らかである。そのことが児童生徒を習熟度別に振り分ける複線型教育を継続する理由、また国民を納得させる材料ともなっている。

**参考文献**

　Sim, Choon Kiat, 2019. Expansion strategies of Singapore's secondary schools amidst process-
　　es of economic transformation and nation building. In S. Aizawa, M. Kagawa and J.

チームティーチングでグループワーク　　早朝から登校する子どもたちと保護者

車で子どもの送迎をする保護者も多い　給食はなく子どもは食堂で自由に学食を

Rappleye eds. *High School for All in East Asia: Comparing Experiences*. New York: Rout-
ledge, pp.133-154.
シム チュン・キャット、2009『シンガポールの教育とメリトクラシーに関する比較
社会的研究―選抜度の低い学校が果たす教育的・社会的機能と役割』東洋館
出版社。
シム チュン・キャット、2017「学力格差是正策に向けたシンガポールの取り組み―
民族による方針と課題の違い―」『比較教育学研究』第54号：pp.161-173。
シム チュン・キャット、2019「シンガポール―落ちこぼれをつくらない都市国家の
教育戦略」ハヤシザキカズヒコ・園山大祐・シム チュン・キャット編『世界
のしんどい学校』明石書店、pp.32-47。

## 第5章

# タイにおける学校に行けない子どもたち (OOSCY)

森下　稔

## ① タイの国と教育

### (1) タイ社会の諸相

　タイは大陸部東南アジアの中心となる地理的な位置であるとともに、周辺国を牽引する経済発展を遂げている。国土面積は、日本の約1.4倍にあたる約51万平方キロで、人口は日本の半分ほどの約6,600万人 (2021年統計：タイ統計局HP) である。国民の約95％が上座部仏教を信仰し、熱帯の豊かな自然と高い農業生産力に支えられ、穏やかな国民性で知られる。「微笑みの国」とも称される。このように伝統的には農業基盤社会であったタイであるが、1960年代以降、軍部による開発独裁体制の下で、積極的な外資導入による工業化が進み、1990年代にかけて高度経済成長を実現させた。タイに工場をおいた日系企業などの外資にとって、未熟練の低賃金労働者を多く雇用できたことが当初の誘因となった。その後は、例えば自動車産業のように、下請け部品工場から完成品組み立て工場までサプライチェーンが整備されて産業の集積・拠点化が進むなど、めざましく発展した。大卒エンジニアや企業が育てた熟練工がその発展を支え、全体の所得上昇にもつながった。そして、2000年代には「中進国」と位置づけられるようになった (末廣 2009)。

　このようなめざましい経済発展は、国民生活にとってプラスの面ばかりではなかった。賃金労働の普及は国民の所得を押し上げた一方で、乱開発による自然破壊、水質や大気の汚染などの深刻な環境問題が農業や国民の健康を

脅かすようになった。また、都市部への急激な人口流入と消費社会化によって、適切に処理されないゴミと同居するような劣悪な居住環境のスラムが多数形成され、貧困問題が可視化されるようになった。このような困難な状況にある国民を支援することに、ラーマ9世プミポン王（在位1946年-2016年）を始めロイヤルファミリーが手がける慈善事業が、多寡の差はあっても富裕層から貧困層まで幅広い国民からの寄付を集めて推進された。実効性はともかくも、人権意識のような人類に普遍的な価値観の浸透には非常に大きな意味があったと思われる。

　貧困などの社会問題の解決に教育の果たす役割が大きいという認識は、社会全体の共通のものになっていったと考えられる。社会・経済的に有利な立場にある特権層や富裕層が経済発展の果実の多くを享受し、一般大衆は中等教育や高等教育の普及拡大によって現金収入を得て新中間層を形成し、結果として社会的弱者が社会から排除される面もある。しかし他方で、王室事業

母の日（王太后誕生日）の行事

や政府による問題解決のための福祉・保健・教育政策によって、社会的弱者を社会に包摂しようとする面も同時に存在する。そのような、一言では簡単に説明し尽くせない諸相をもっていることが、タイ社会の独特なところと言えるであろう。

## (2) タイにおける教育と SDGs

　国連による持続的な開発目標 (SDGs) の達成度ランキングで見たときに、タイは東南アジアでもっとも達成度が高く、世界でも 43 位 (2021 年) と上位になっている (Jeffrey D. Sachs et.al., 2021)。17 の目標別でみると、「目標 1 貧困をなくそう」は目標達成のレベルに達していると評価されている。また、東・南アジア地域のなかでは、「目標 4 質の高い教育をみんなに」、「目標 6 安全な水とトイレを世界中に」、「目標 9 産業と技術革新の基盤をつくろう」などが、順調に達成に近づいているという評価である。

　このような高評価の直接的な要因として、タイ政府が 2036 年をターゲットに SDGs の完全達成を長期政策に組み込み、経済的繁栄、社会福祉、人的資源開発およびエンパワーメント、環境保護、公共部門のガバナンスの 5 つの分野での目標設定を行っていることが指摘されるだろう。これらの諸政策の基盤には、「足るを知る経済 (充足経済)」の哲学がある (OECD 開発センター編 2018)。「足るを知る経済」は、1997 年アジア経済危機によってタイ国民の生活が甚大な打撃を受けた状況下で、プミポン王が仏教思想に依拠して国民に示した思想である。経済発展に浮かれて大量消費にのめり込み、少しでも有利さを得ようと競争に明け暮れる国民に向けて、節度を守り、道理をわきまえ、外界からのリスクに耐えられる自己免疫力をもって生活するように諭したものである。知識と道徳を駆使して、調和と安全と持続可能性を基本に据えたタイ社会のあり方を理想とした (末廣 2009)。この思想は第 9 次国家社会・経済開発計画 (2002-2006) の基盤となり、2000 年代の基礎教育改革にも反映された (鈴木ほか 2004)。このことが、SDGs 達成度の高評価の背景にあると筆者は考える。つまり、SDGs が構想される以前から、SDGs と共通する

ようなタイの国民に共有された認識や思想があり、教育政策にも反映されていたものである。

## (3) タイにおける教育を受ける権利の保障

　タイにおける高度経済成長とグローバリゼーションのインパクトによって、1990 年代には、タイ人の教育機会が急速に拡大した。まず、産業界からの高度な人材の需要に対応して高等教育への進学率が拡大し、次いで初等学校に就学前教育と前期中等教育の学年が開設されることで、地方農村においても 1990 年代の終わりにかけて急拡大した。1999 年国家教育法によって、9 年間の義務教育と少なくとも 12 年間の基礎教育無償化が法制化され、後期中等教育が無償教育の対象に加わった。2009 年には民主党アピシット首相が就学前教育を加えた 15 年間無償教育の政策を発表し、授業料の面では家計への負担が軽減された。近年の具体的な就学状況については、次節で詳述する。

　その一方で、タイでは急速な少子化が進行している。タイ統計局による 2021 年の年齢別人口のデータで見ると、39 歳から 53 歳までは概ね 100 万人の大台を超えているが、24 歳から 38 歳までは概ね 90 万人台と減少傾向が始まり、7 歳から 23 歳までは 70 万人から 82 万人の間と学齢期人口が明らかに減少している。特に、2 歳以下では 60 万人に満たない。このことは、タイ人全体の教育年数上昇と無縁ではなく、授業料は無償でも、就学のための必要経費や就業までの年数が延びたことが、生み控えに繋がっていると考えられる。

　このことはタイ社会全体にとって大きな問題で、生産労働人口における若年者層の減少を招いている。高学歴化は未熟練・低賃金労働者や非正規雇用部門への人材供給を減らすことにもなる。結果として、働き手不足になり、近隣の後発開発途上国からの移民流入に繋がっている。タイ統計局のデータでは、2020 年の登録された移民の数は約 105 万人となっている。登録されていない人数や難民を加えればこれを大幅に超えるであろう。筆者が移民労働者を多く見た具体的事例では、ゴム農園や果樹園、エビやソフトシェルクラ

ブの養殖場、ショッピングモール内のレストランなどが思い浮かぶ。こうした移民の多くは、不安定な社会経済的条件のもと、タイ語の読み書きも十分にはできず、地域住民としての権利や義務などの理解は不十分である。そのため、子女の教育を受ける権利の保障についての情報が行き届かない。このようなことから、学校に行けない子ども（OOSCY）の課題の一つが、外国籍・無国籍児童となった。

## (4) コロナ禍と教育

　少子化は学校にも影響が大きく、就学率上昇と就学者数の減少が同時に起こる要因となる。地方農村では、少子化と都市への人口移出によって、児童生徒数の減少が加速し、小規模校がますます児童生徒数を減らしている。通学距離を長くする学校の統廃合は難しく、結果として、複式学級などによる対応が必要となった。タイでは、1990年代には山間地や離島のへき地学校のために、衛星通信を使った授業支援・学校支援事業が、教育省科学技術教

衛星放送を活用した複式学級の授業

148

育振興機構が主となって取り組まれ始めていた。その後、タイ社会全体の情報通信の発展によって、衛星デジタル放送の多チャンネル化が進み、全国の複式学級で児童生徒に視聴させるための衛星放送を通じた授業コンテンツが提供されるようになった。

　コロナ禍により、2020年5月からの新学年は学校閉鎖となった。その後、感染状況によって解除と閉鎖を繰り返している。教育省基礎教育委員会事務局 (Office of Basic Education Commission:OBEC) の情報や現地の関係者の話を総合すると、コロナ禍における学校教育は、対面 (On-site)、放送 (On-air)、オンデマンド (On-demand)、オンライン (On-line)、手渡し (On-hand) の方法を学校によって一つまたは複数選択して実施されたようである。様々な取り組み事例がOBECのホームページを始め、ネット上に多数報告されている。全体像の解明は今後進められなければならないと考えられる。放送やインターネット活用の方法は、上述の遠隔地教育のためのシステムやコンテンツがコロナ禍以前から開発済みであったことで、比較的スムーズに移行できたと推測される。また、インターネット人口が国民 (6歳以上) の85％に達し、特に10-14歳では98％、15歳-19歳では99％である (タイ統計局の2021年データ)。主としてスマートフォン利用と考えられるが、学校閉鎖となったときに助けとなったことは想像に難くない。

**参考文献**

末廣昭 (2009)『タイ　中進国の模索』岩波新書。
鈴木康郎・森下稔・カンピラパーブ スネート (2004)「タイにおける基礎教育カリキュラム改革の理念とその展開」『比較教育学研究』第30号、148-165ページ。
OECD開発センター編 (2018) [門田清訳 2019]『タイの経済と社会：OECD多角的国家分析』明石書店。
Jeffrey D. Sachs, Christian Kroll, Guillaume Lafortune, Grayson Fuller, and Finn Woelm (2021) *Sustainable Development Report 2021 : The Decade of Action for the Sustainable Development Goals Includes the SDG Index and Dashboards,* Cambridge University Press.
タイ統計局ホームページ (2022年5月28日最終確認) http://statbbi.nso.go.th/staticreport/Page/sector/EN/report/sector_01_11101_EN_.xlsx

タイ教育省基礎教育委員会事務局ホームページ（2022 年 5 月 28 日最終確認）
https://www.obec.go.th/

## 2 本　論

## はじめに

タイは、1990 年の「万人のための教育世界宣言 (The World Declaration on Education for All)」が採択されたジョムティエン会議の開催地となったことがよく知られている。それ以前から、19 世紀末に近代的学校教育制度が創始されて以来、タイ政府にとって教育普及は常に重要な政策課題であったといえる。タイは仏教が広く信仰されている国である。初等教育普及の初期段階では、各地の仏教寺院に教室がおかれ、僧侶が教員の仕事を担うことで、物的・人的投資を多くかけずに進められたと考えられる。教員養成の仕組みが整うと僧侶は授業を受け持たなくなったが、学校の敷地・建物・施設については仏教寺院と共有される事例が多くを占めた。すなわち、初等学校設置の地方への拡大は比較的容易に進められたといえる。

タイにおける教育機会拡大の展開を概観すると、次のようになる。1960 年代はカラチプランの目標であった 7 年間の無償義務教育を達成しようとしたが、当時の前期初等教育 4 年間の普及に留まり、後期初等教育 3 年間への進級に課題があった。そこで 1977 年の教育改革で前後期制が廃止され、6 年一貫の初等学校として初等教育修了者の拡大が図られた。当時は国家安全保障の課題から、「国民統合のための教育」が重要政策となっており、初等教育の普及によって国民意識の涵養をすべての子どもに行うことが不可欠であった。1986 年頃には初等教育の拡大の目標は概ね達成されたと見られる。1990 年の EFA 宣言後は、前期中等教育の機会拡大に取り組み、1997 年頃にかけて急拡大を実現した。

また、前期中等教育拡大と同時に、ほぼすべての初等学校に 1 年間または 2 年間の幼児教育クラスが開設された。その後、1997 年アジア通貨危機の影響もあり、「学校に行けない子ども (Out-of-School Children and Youth: OOS-CY)」の層を若干残しながら一進一退を続けている (村田 2007; 野津 2005; 森下

2000）。以上のように、アクセスの面での OOSCY の問題は、2000 年代までに、一部のターゲットを残しつつもかなりの程度解決されてきた。また、多くの先行研究で多面的にその政策と実態が解明されてきた。そこで、本章では 2010 年代以降の OOSCY 問題に焦点を絞って論じることとしたい。とりわけ、2014 年軍事クーデター以降の軍事暫定政権の教育政策に注目したい。本章の目的は、軍事暫定政権期に OOSCY に関してどのような政策が立案されたのか、具体的なターゲットはどのような子どもで、政策実施の実態がどうなっていたのかを明らかにすることである。また、タイにおける取り組みが今後の国際ネットワーク構築に繋がる動きについても論じることとする。

　なお、本研究のもととなる現地調査は、予備的・探索的な段階の調査に留まっており、予定されていた本格的調査はコロナ禍によって中止せざるを得なかった。したがって、十分な論拠を備えていると確信できない 2021 年時点での考察であることを読者には了解願いたい。

## 1.　タイにおける OOSCY の捉え方と政策

　本節では、タイにおいて、学校に行けない子ども (OOSCY) がどのように捉えられているかを確認することから始める。続けて、近年の主要な政策文書の中での取り上げられ方を確認する。

　教育省が 2020 年に公表した教育統計では、学校段階別に 2018 年度と 2019 年度の就学率および当該年齢集団における不就学者数 (OOSC) が示されている (**表 5-1** 参照)。なお、統計文書はタイ語であるが、"OOSC" とアルファベットで略語が明示されている。従来の統計にはなかった表記であり、アセアン宣言の影響と考えられる。さて、2019 年度の統計によると、就学前教育段階 (3-5 歳) では、就学率は 75％程度で約 60 万人が不就学となっている。初等教育段階 (6-11 歳) では、就学率は 100％程度で不就学者数は 500 人未満となっている。

　初等教育段階でのアクセスについては、かなりの程度普遍化が実現でき

**表 5-1 学校段階別就学率および OOSC 統計 (2018-2019 年度)**

| 指 標 | 就学前教育 | | 初等教育 | | 前期中等教育 | | 後期中等教育 | |
|---|---|---|---|---|---|---|---|---|
| | 2018 | 2019 | 2018 | 2019 | 2018 | 2019 | 2018 | 2019 |
| 粗就学率 | 79.36% | 75.57% | 103.01% | 103.86% | 92.06% | 93.09% | 71.96% | 72.26% |
| 純就学率 | 75.57% | 73.41% | 99.37% | 99.89% | 83.67% | 85.16% | 62.32% | 61.84% |
| OOSC (率) | 23.46% | 25.54% | 0.06% | 0.08% | 14.95% | 13.30% | 37.60% | 37.21% |
| OOSC (人) | 549,839 | 594,092 | 462 | 456 | 259,399 | 194,975 | 818,822 | 731,915 |

出典) タイ教育省教育評議会事務局 (2020)『タイ教育統計 2018-2019 教育年度』p.d. を基に筆者作成。

ていると評価できるであろう。前期中等教育段階 (12-14 歳) では、義務教育の完成段階であるものの、就学率は 93％程度と初等教育段階に比べて低くなり、不就学者数は約 20 万人となっている。後期中等教育段階 (15-17 歳) では、さらに就学率が低下して 72％程度で不就学者数が約 73 万人となっている。中等教育段階で就学継続できなくなる場合があることが読み取れる。すべての段階の OOSC の人数を合計すると、約 153 万人となり、この人数がタイの教育統計における学校に行けない子どもとして捉えられる。

次に、近年の主要な政策文書における OOSCY の取り上げられ方を検討する。通常時におけるタイ政府の教育政策は、教育省におかれた教育評議会 (Office of Education Commission: OEC) で審議されて基本政策が立案されることが多い。その政策を教育省内の各局や、内務省などの学校や教育関連業務を所掌する諸官庁が具体的な実施政策に移していくことになる。ただし、軍事暫定政権では、2017 年の新憲法に基づく国家教育法などの教育法整備や教育改革政策を立案させるために、2017 年 5 月「教育改革のための独立委員 会」(Independent Committee for Education Reform: ICER) が組織された。独立委員会は 25 名の委員から構成され、教育改革のための調査、提言、関連法案の作成を行い、教育格差の縮減を通じて、タイ国家を安定、繁栄、持続可能性に導くこととされた。この委員会には 11 の小委員会が置かれ、幼児、教育基金、教員、学習法、教育機関、職業教育などの分野別の小委員会や、国家教育法や高等教育法の草案起草を任務とする小委員会などが置かれた。2018 年か

ら 2019 年にかけて法案を策定する成果をあげ、2 年間の任期を終えて、独立委員会は解消された。

『タイ教育改革ミッション報告書』とタイトルが付けられた最終報告書（2020 年発行）では、関連する記述が「第 1 部タイ教育：知られざる危機」の「2. 教育における不平等」の項目に見いだせる（同報告書 17-25 ページ）。この項目における不平等とは、教育機会の不平等と教育成果の不平等の 2 つの側面からなると指摘されている。この教育機会の不平等の記述で、OOSCY がどのように捉えられているかについて、以下で詳しく見ることとする。

教育機会の面で格差の影響を受ける人々にどのようなタイプがあるのか、次の 6 項目が指摘されている。(1)最低所得世帯の 2 歳以下の乳児が約 77 万人、(2) 学校に行けない子ども（OOSC）として、就学前教育段階の子ども約 23 万人および義務教育学齢の子どもで就学していない約 20 万人、(3) 就学はしている貧困家庭の子どもとして、就学前教育クラスの約 61 万人、義務教育段階の児童・生徒約 180 万人、後期中等教育段階の生徒約 36 万人、(4) 貧困のために義務教育終了後に後期中等教育段階に進学できない 15-17 歳の若者約 24 万人、(5)へき地校の教師と上記(1)〜(4)の指導や支援に関わる人々、(6) 貧困と資金不足のために基礎教育を修了した後に、高等教育の機会が得られない 18-25 歳の若者、である。

こうした教育格差の影響を受ける子どもや若者を総称して、「教育機会に恵まれない子ども」と呼び、その内実としては、貧困家庭の子ども、へき地に住む子ども、障害をもつ子ども、病弱な子どもがいると捉えられている。「未就学であること」のみを解決すべき課題としているのではなく、就学の機会が得られた後のことも含め、後期中等教育や高等教育の段階にまで幅広い範囲で捉えられていることが、特徴として指摘できるであろう。

軍事暫定政権期にはまた、教育省の教育評議会において、20 年間の長期計画である「国家教育計画（2017-2036 年）」が策定された。この中で OOSCY に関連することは、「戦略 4：教育における機会、平等、同等性の創出」に述べられている（同計画 119-125 ページ）。この戦略の目的と目標から、タイ教育省

の基本政策を検討する。

　目的は 3 点掲げられており、(1) アクセスの機会と平等を高めるためのデジタル技術活用、(2) 各学習者グループの可能性に応じて適切な形式で教育が受けられることの保障、(3) データベースの構築や情報システムの整備と活用、である。

　次に、それらの目的を達成するための目標は次の通りである。まず、義務教育期間にあたる初等教育段階と前期中等教育段階での学齢児の全員就学が謳われている。また、無償基礎教育期間 15 年間に含まれる就学前教育段階と後期中等教育段階での就学率向上が掲げられている。この点で、OOSC に対してはその問題の解消をめざす政策方針が明確に示されていると考えられる。続けて、労働人口年齢集団の就学年数上昇、初等教育から高等教育までの就学率向上、中途退学率の低減も目標とされている。このことから、教育機会創出のターゲットに未就学の若者、中途退学のリスクがある就学者、中途退学した若者、高等教育を断念した若者などの層も含まれることになると考えられる。加えて、特別ニーズ教育や障害児教育の充実にも言及がある。さらに、ナショナルテストの点数における地域間などの格差是正、すべての年齢の人々向けの教育デジタル技術による教育機会の拡大が掲げられている。これらの目標達成を通して、教育機会の平等を実現がめざされることになり、そのなかに OOSCY への対応や支援が位置づけられているといえるだろう。

## 2. タイにおける OOSCY の主たるターゲットと支援制度

　それでは、近年取り組まれている OOSCY への対応や支援の主たるターゲットとなっているのは、どのような子どもや若者なのだろうか。筆者がタイ教育を見続けてきた限り、近年注目され、また成果があがっていると考えられるのは、外国籍・無国籍の子どもと貧困家庭の子どもである。

　タイにおける外国籍・無国籍の子どもに世界中の注目が集まったのは、2018 年 9 月に発生したチェンライ県におけるサッカーチームの少年たちの

洞窟遭難事故であった。救出されたチームの中で、3 人の少年とコーチが無国籍であることが話題となったのである。報道では、国際サッカー連盟などが救出された少年たちをヨーロッパでのサッカー観戦に招待しようとしたところ、無国籍の少年たちは国外ばかりでなく県外への移動も制限されているとされた（NHKWEB 特集、2018 年 8 月 8 日）。人権の観点から批判の声もあがった。しかし、少年の一人は救出にあたった英国人ダイバーと英語で会話したとされ、同じ学校に通う友人たちによる「彼は成績優秀で奨学金ももらっている」という発言も知られるところとなった。つまり、タイでは無国籍であっても就学できる仕組みがあり、実際に良い成績を収める場合もあることが実証されたということである。

　外国籍・無国籍児童の就学支援政策については、先行研究において、野津隆志の著書やカンピラパーブ・スネートとウンゴーン・ティダワンの論文で詳述されている（野津 2014; カンピラパーブとウンゴーン 2020）。要点を拾い上げると以下のようになる。外国籍・無国籍の子どもの就学を促進させることについては、1992 年から政策に明記されるようになっていたが、「1999 年国家教育法」によって法的根拠が与えられたとされる。同法第 10 条では、「個人は、等しく最低 12 年間の基礎教育を受ける権利と機会を与えられなければならない。国は、その基礎教育を無償とし、質の高い教育を提供しなければならない」と定められている。この条文を解釈するときに、教育を受ける権利を有するのは「個人」であり、タイ国籍保有者には限定されていないということである。また、第 17 条では、9 年間の義務教育が定められており、外国籍・無国籍であっても義務教育の対象となると考える解釈がとられた。そして具体的な運用に関しては、2005 年教育省規定で定められ、各地で外国籍・無国籍児童の就学が現実的に可能となった。しかし、教育省規定は周知が十分でなく、増加し続けていたミャンマーなどからの移民労働者は子どもたちをタイの学校に就学させることができることさえ知らない状況もあったとのことである。教育省はその後も数度にわたり改善に取り組み、2018 年 1 月には教育省布告を発して、就学促進をさらに推進させた。この布告の内容を

見ると、タイ国民に付与される 13 桁の国民番号がない場合や住民登録がない場合は、学校の就学者に付与される学習者番号を決め、この学習者番号を基にして学校が住民登録手続きを行うことになった。さらに、13 桁の国民番号の交付手続きに進めることもできる。なお、出身地が外国の場合、国境を往来している場合、身元が明らかでない場合など、住民登録の手続きができないときは、学習者番号のみで就学手続きを完了させることとなっている。その際、国民番号の交付申請中であるときには、学習者番号の最初の 1 桁に G があてられ、就学手続きのみの場合には、最初の 1 桁に 0 があてられる。こうした就学の実態については、チェンライ県における事例がカンピラパーブとウンゴーン (2020) で紹介されているが、東部サケオ県の学校に毎日国境を徒歩などで越えて通学するカンボジア児童の事例でも確認できている。(羽谷・森下 2020)

　貧困家庭の児童に対する就学およびその継続を支援する政策については、2014 年クーデター後の軍事暫定政権による社会政策との関連性を考えるべきであろう。主要な社会政策として掲げられたのは、「タイランド 4.0 構想」と呼ばれる国全体の経済発展戦略と、貧困層底上げ政策である (船津・今泉 2018)。政府は、誰が貧困者であるかを特定して貧民登録させ、電子マネー機能を搭載した福祉カード「プラチャーラット・カード」を 1 千万人以上に配布し、2019 年総選挙に向けて、数度にわたり現金給付にあたる支援を行った。一面では、反軍勢力であるタクシン元首相派の支持基盤の切り崩し策として見られるところであるが、事実上の貧困削減や所得格差是正効果が認められるとする研究成果もある (江川 2019)。

　一連の貧困層対策にも位置づけられるのが、貧困家庭に対する教育支援政策である。上述の教育改革のための独立委員会による提言を受けて、2018 年 5 月 10 日に公布施行されたのが、「仏暦 2561 年 (2018 年) 公正な教育のための基金法」(Equitable Education Fund Act B.E.2561: 以下 EEF 法) である。この法律によって設立された基金とその活動について、次節で検討する。

教え子のカンボジア児童に国境で説明をするコロナ禍の小学校教師

## 3.「公正な教育のための基金」の活動

　EEF 法制定の根拠となったのは、2017 年憲法第 54 条第 6 段落で基金設立について規定されたこととされている。教育機会に恵まれない人々の支援、教育格差の縮減、教師の質・効率の促進および改善を目的とし、財源は国家予算とともに個人等の寄付（税優遇措置をとる）からなると規定された。また、基金運営のための法律を制定し、管理運営を独立で行うことや目的達成のために基金から支援金を支払うことを明記するとも規定された。

　EEF 法の第 5 条では、基金の目的を教育上の平等を実現させるためであるとし、具体的には次の 7 項目の活動を掲げている。(1) 国家、民間、市民社会が協働で、子ども（特に幼児）の発達を支援する。(2) 基礎教育修了まで、経済的に恵まれない子どもに資金を援助する。(3) 多様な背景をもつ子ども

に対応できるように、教師の質と効率を高める。(4) 教育費がまかなえない、教育機会に恵まれない子どもを支援することにより、職業に就き、自立して生きていける知識技能を身につけさせる。(5) 学習者の能力を開花させることができるように、学校に対して支援・振興を図る。(6) 教育上の不平等を解決するための教員養成についての研究を促進し、モデル的な教員養成機関を支援する。(7) 人的資源の開発、教育上の不平等の解決、労働力需要の充足、タイ人の能力向上をテーマとする研究の促進を図る。EEF 法第 6 条が定める基金の財源としては、前身となった Quality Learning Foundation からの譲渡、政府の初期出資として 10 億バーツ、毎年度の政府からの補助金、政府宝くじ局からの収入、基金の運用・投資の収益、寄付、その他からなるとされている。設立時から十分な資金を得て、安定的な財源を確保できると考えられている。EEF を運営するための委員会は、EEF 法第 18 条によると、首相の管轄下に置かれ、17 名の委員で構成される。委員長は内閣が指名し、専門家 7 名、教育省をはじめ諸官庁官僚が 8 名、事務局長 1 名となっている (牧・大森 2020)。

　筆者は、2019 年 8 月および 2020 年 2 月に、バンコクにある EEF 事務局を訪問して、事務局長のスパコーン氏および数名のスタッフに面会し、インタビューおよび資料収集を行った。ただし、実際の活動については調査できていない。訪問した時期が基金設立後間もないこともあり、EEF 法第 5 条に定められた活動の一部しか着手されていないとのことであった。その中でも、優先的に着手されて推進されている事業として、「条件付支援金給付事業」と「上級職業教育イノベーション基金事業」について、以下に述べることとする。ちなみに、スパコーン事務局長は医師として長年、貧困層の保健衛生分野での啓蒙活動に取り組んできたとのことである。本人の弁によると、保健衛生の水準を高めるためには、知識を身につけ、日々の実践において効果的に実行できるようになるための教育が欠かせないと実感し、教育機会に恵まれない人々のための事業を立ち上げる着想をもったとのことであった。

　条件付支援金給付事業とは、端的に言えば、就学する子どもがいる貧困

家庭に現金給付することによって、就学継続を支援するものである。家計と教育費の調査の結果から、平均収入が月 3000 バーツ以下の家庭は、収入の 22％を教育費に充てており、その割合は富裕層の約 4 倍に相当することが明らかとなり、中途退学・不就学 (年 67 万人) の原因と考えられた。そして、従来の「貧困児童基盤経費支援金」には次のような欠陥があったと指摘された。まず、学校毎の支給人数割合上限 (初等 40％、前期中等 30％) があり、学校によっては必要な人数分が割り当てられないという問題があった。また、貧困家庭の家計支援による就学促進という本来想定されていたのとは異なる使われ方、例えば体操服代、文房具代、昼食代に使われている事例があることが指摘された。さらに、通学のための交通費や機会費用まではカバーできないという制度的な不十分さも指摘された。このような背景があり、EEFによる支援金事業が新たに立ち上げられることになった。

　EEF の条件付支援金給付事業では、支援の緊急性が高い児童・生徒を判定するシステムの導入により、支援対象児童・生徒の条件判定を正確にし、すべての貧困家庭の児童・生徒に行き届く支援金給付が構想された。その1 つめの条件としては、家計収入が家族一人あたり月 3000 バーツ (約 1 万円)以下であることが定められた。2 つめの条件としては、家族の状況調査により支援の必要度を判定することとなり、具体的には、家族構成、家屋、居住環境、土地所有、生活用水・飲料水、電気、自動車、家電等の評価によって、最も貧困度が高い家庭が 1.0 となるように指標化された。そして、0.91-1.0 の場合に最貧家庭であると定義された。以上の 2 つの条件を満たしたとき、「特別貧困児童・生徒」として認定されることになる。

　このような最貧家庭の子どもがどこにいて、状況がどうなっているかを把握するのは、各学校の教師の業務となった。教師にとっても、勤務校の児童・生徒数は、就学児一人あたりの経費で交付される国からの学校の運営費に直結する。近年の急激な少子化傾向と都市への人口集中、地方での道路整備による通学事情の改善を背景として、小規模校の場合、廃校・統合を免れるために一人でも多く就学者を確保したいという利害が関係している。

　実際の状況調査の手順としては、教師が家庭を訪問することから始まる。調査結果は教師が報告をまとめ、調査結果の保証については学校が責任を持つこととなる。訪問時には、家屋・家族等の写真を教師のスマートフォンで撮影する。通常のカメラでは認められない。というのは、スマートフォンで撮影することにより、写真にGPS情報が記録され、ウェブマップ上で位置が確定されるからである。そして、移民労働者の家庭や、難民の家庭のように、家族に読み書きができる人が一人もいなくても、極端な場合には、家族に支援金制度を理解できる人がいなくても、教師がすべて判定し、専用アプリケーションソフトで条件判定結果を入力する。「文章で書かれた識字教室の案内は全く役に立たない」と同様のことが生じないように工夫されており、教師がスマートフォンを持っていることを前提とした仕組みであることも特徴的である。また、支援決定後も、出席率80％以上、身長体重の増減、成績（GPA）の推移をチェックして、支援金が真に子どものために活用されているかを確認する。これらも、専用のアプリがあり、教師は受給児童生徒の出席状況を毎日スマートフォンで入力し、年に2回、身体測定結果と成績を入力する。通学のために必要な経費がある場合には、出席率の基準を達成するために、家族は支援金から通学費を支出しなければならない。また、身長体重を記録するのは、支援金によって食事をしっかりととれているかを確認するためという。このように、就学継続支援の焦点を通学費と食費にあて、直接的に効果を上げるねらいがあるとのことであった。このようにして、従来の支援金給付制度の問題を解決し、実効性を高める取り組みとして注目できる。教師の視点から見たときに、通常業務に加えて負担がかかる懸念が考えられるところである。一例として、ミャンマーとの国境に近いラノーン県で出会ったある教師は、ミャンマー人児童の家庭での状況調査について説明するなかで、スマートフォンの簡単な操作でほとんどの作業が完了するため、大きな負担には感じていないと筆者に語った。教師全体の意識は説明できないものの、参考にできると考えられる。

　筆者の推測で、実際を確認できていないことではあるが、支援対象児に関

**ランチタイム：就学支援としての給食**

する収集された詳細情報は、13桁の国民番号または学習者番号と紐付けられてデータベースに格納され、就学児童・生徒ばかりでなく、貧困家庭の把握と支援に効果的に活用されているか、今後活用されることになるのではないだろうか。識字能力が十分ではなく貧困状況にある親にすれば、ニーズを的確に捉えたプッシュ型の支援が得られる利点がある。他方では、個人情報の国家管理にも繋がるため、情報管理に関わる問題が派生する懸念も拭えない。

　次に、上級職業教育イノベーション基金事業について検討する。タイでは、高等教育の大衆化が進み、2010年代の進学率は50％台で微増と微減を繰り返している。しかしながら、EEFによると、貧困家庭に限定すると5％に留まっているという。そのため、貧困層の高等教育進学を支援するために、職業教育系の高等教育段階にあたる上級職業教育証書課程への進学を促す事業が構想された。この課程は大学（マハーウィタヤーライ）ではない。学校の母

体は、教育省職業教育委員会事務局が管轄する後期中等教育段階の職業教育カレッジ（ウィタヤーライ）である。日本における専門高校に相当する。タイでは、前期中等教育までは普通教育であるが、後期中等教育から普通教育系と職業教育系に分離する。学校を管轄する教育省内の組織も異なる。中等3年を修了した生徒は、そのまま普通教育の中等4年に進級するか、職業教育カレッジに入学するかの進路選択ができる。3年間の課程を修了した生徒には「職業教育証書（プラカート・ニーヤバットウィチャーチープ）」が授与される。そして、一部の職業教育カレッジに付設された2年間の「上級職業教育証書（プラカート・ニーヤバットウィチャーチープ・チャンスング）」が得られる準学士課程に進学できる。日本での専門高校専攻科に相当する。EEFでは、貧困家庭の子どもをまず職業教育カレッジへの進学に誘導し、さらに上級職業教育証書課程への進学を促進することで、貧困層の高等教育機会を拡大しようとしているのである。

　事業の内容としては、以下の通りである。一つには、全国約50校の職業教育カレッジに対して、教育の質向上のための資金援助を行う。特に、工業系、ICT系を中心に、地方での人材が不足している分野が重点的に選定される計画である。そして、貧困度でみて社会全体の下位20％にあたる貧困家庭の生徒で、成績・態度が良好な生徒を年に2,500人選抜して、職業教育カレッジへの進学に必要な資金援助を行う。具体的には、毎月の生活費・授業料に相当するもので後期中等段階では月6,500バーツである。準学士レベルに進学すると月7,500バーツに増額される。実際には、2つのプランが実施されている。前期中等教育卒業者を対象とし、後期中等教育レベルと準学士レベルの上級職業教育証書課程修了までの「5年プラン」と、後期中等教育卒業者を対象とし、準学士レベルの上級職業教育証書課程修了までの「2年プラン」である。2019年に筆者がEEF事務局に訪問した時点では、1期生の採用が決まったばかりであったため、この事業の成果についての情報は本章執筆時点では得られていない。

　以上の優先的に取り組まれている事業の計画から見て、EEFの事業の特

徴として、問題状況をエビデンスに基づいて分析し、支援対象者の正確な情報の把握に基づきながら、情報通信技術やデータベースを活用して推進されていることが指摘できるであろう。また、基金事務局は極めて少人数で運営されて、事務局経費は抑えられ、その代わりに、貧困層が多い地域にある学校の教師や職業教育カレッジの教職員に過大にならない程度の負担を求めていることも特徴であろう。本章で取り上げた 2 つの事業の成否や、事業内容の拡大の実際などについて、さらに追究して研究することが今後の課題として考えられる。

## おわりに──国際ネットワーク構築に向けて

　以上のことを踏まえ、ユネスコが提唱する OOSCY に対する枠組みに即してタイの実態を考察すると次のように結論づけられる。

　まず、アクセスについては、1980 年代までに初等学校の全国的な設置が進み、1990 年代には前期中等教育と就学前教育の拡大が見られたことにより、学校設置の課題は解決されていると言える。全国に約 5 万校の基礎教育機関があり、むしろ都市への人口集中と少子化による小規模校の増加およびそれらの統廃合が進まないことが、タイにおける長年の課題となっているほどである。教育を受ける権利については、1999 年国家教育法第 10 条で 12 年間の無償基礎教育を受ける権利が定められているなど、法制度において明確になっている。また、同法に基づく教育省規定や教育省布告によって、外国籍・無国籍児童についても就学促進政策が講じられている。さらに、それらの諸政策によっても手が届きにくい未就学者のために、「公正な教育のための基金(EEF)」が創設され、工夫を凝らした実践が取り組まれていることは高く評価できるだろう。

　次に、継続性については、タイの基礎教育段階では進級試験がなく、原則として自動進級制になっていることから、原級留置とそれによる中途退学は、義務教育段階(前期中等教育まで)では多くない。ただし、後期中等教育段階

の中途退学は問題として政策課題になっている。したがって、概ね継続性の面では達成されているが、改善の余地があると評価できる。

　続けて、質については、1999 年国家教育法の規定（第 47 条～第 51 条）により、学校における質保証制度が導入されており、各学校において毎年度の内部評価および 5 年に 1 度の外部評価が行われている。また、基礎教育機関には法人格が付与されており、自律的な管理運営が行える体制となっている。その一方で、学力の面では、ナショナルテストの全国平均がかなり低いという問題があり、PISA でも最下位グループに位置づいているなど、政府には危機意識があるように見て取れる。さらに、都市と農村など学校間に教育の質の格差が指摘されており、その解消が大きな政策課題となっている。したがって、質の面での課題がタイにおける最大の課題と言えるであろう。

　最後に、柔軟性については、タイでは 1970 年代あたりから初等・中等教育の普及の段階で、官製のノンフォーマル教育が普及しており、未就学者や中途退学者の教育機会保障の受け皿となってきた。また、1999 年国家教育法第 15 条で、ノンフォーマル教育・インフォーマル教育とフォーマル教育との読替および同等性が規定されている。初等学校・中等学校への就学によらない教育機会の確保ができる法制度が整えられている。さらに、タイでは仏教寺院が生活困窮の児童を養育したり、日曜学校を開設したりするなど、多面にわたって補完的な役割を果たしている。したがって、柔軟性については制度的・社会的に十分な態勢となっていると評価できるだろう。

　以上のように、アセアン諸国の中で先導的な位置に立つと考えられるタイでは、EEF 主導で公正な教育を促進するための国際ネットワーク構築が試みられている。2020 年 7 月には、The Online International Conference on Equitable Education: All for Education が EEF やユネスコなどの共催で開催され、公正な教育に関するグローバルなネットワークの構築が提言された。壇上に立ったのは、EEF 事務局長のスパコーン氏とユネスコバンコク事務所の宮沢一朗氏であった。スパコーン氏は、保健衛生分野での国際ネットワーク構築に成功した業績があり、公正な教育でも同様の発想をもったとのことであ

る。そこで提言されたのは、Equitable Education Alliance（以下、EEA）の創設である。EEA のウェブサイトによると、政府、研究機関、教育専門家、非政府組織、コミュニティベースの組織など、教育分野の主要なアクターと協力するアライアンスであるとされている。つまり、国家間の協定に基づくような組織ではなく、多様なアクターと緩やかな連携で、不利な立場にある子どもたちのために公正な教育の実現を促進していこうとするネットワークである。そして、タイの EEF がユネスコと連携して、教育の格差を縮小・解消することに関心のある国に実質的かつ技術的な支援を共同で提供する国際的なパートナーシップを提案したという経緯が説明されている。その目指すところは、既存の公正な教育のための組織のパフォーマンスを向上させ、公正な教育を通じて子どもたちや成人の能力を高めることができるように、各国の能力を強化するプラットフォームの提供であるとされている。

　OOSCY を対象とする国際ネットワークとして、EEA の今後の展開は注目に値するところである。しかし反面では、筆者から見て、他に有望な組織や取り組みが見当たらない。2015 年のアセアン共同体の発足、2016 年の OOSCY に関するアセアン宣言の採択以後、アセアン内での国際ネットワーク構築は足踏みしていると言ってよいのかもしれない。その難しさがどこにあるのかを追究することも、今後の課題としたい。

## 参考文献

〈日本語文献〉

江川暁夫（2019）「タイの「福祉カード事業」の貧困削減・所得格差是正効果の程度について」日本地域学会第 56 回年次大会発表論文　http://jsrsai.jp/Annual_Meeting/PROG_56/ResumeC/ C07-4.pdf。

カンピラパーブ スネート・ウンゴーン ティダワン（2020）「タイ北部チェンライにおける外国籍・無国籍児童生徒の就学状況とその課題」『比較教育学研究』第 60 号、163-178 頁。

野津隆志（2005）『国民の形成―タイ東北小学校における国民文化形成のエスノグラフィー』明石書店。

野津隆志（2014）『タイにおける外国人児童の教育と人権：グローバル教育支援ネッ

　　トワークの課題』ブックウェイ。

羽谷沙織・森下稔 (2020)「タイ＝カンボジアを越境する子どもたちと国境を越えた
　　教育機会」『比較教育学研究』第 60 号、128-147 頁。

船津鶴代・今泉慎也 (2018)「各国・地域の動向：2017 年のタイ－ 2017 年憲法下の
　　政党政治の抑制と国家構造改革」『アジア動向年報』アジア経済研究所、283-
　　308 頁。

牧貴愛・大森万理子 (2020)「タイにおける「公正な教育のための基金」による格差
　　是正措置に関する予備的検討―福祉としての教育の観点から―」広島大学大
　　学院人間社会科学研究科紀要『教育学研究』第 1 号、256-265 頁。

村田翼夫 (2007)『タイにおける教育発展―国民統合・文化・教育協力』東信堂。

森下稔 (2000)「タイにおける前期中等教育機会拡充後の農村児童の進路選択―農村
　　における学校の多様化を中心として―」『比較教育学研究』第 26 号、187-206 頁。

〈タイ語文献〉

กองทุนเพื่อความเสมอภาคทางการศึกษา (2018) พ.ร.บ.กองทุนเพื่อความเสมอภาคทางการศึกษา
　　พ.ศ.2561 (公正な教育のための基金『仏暦 2561 年公正な教育のための基金
　　法』)

คณะกรรมการอิสระเพื่อการปฏิรูปการศึกษา (2020) รายงานพันธกิจปฏิรูปการศึกษาไทย (教育改革
　　のための独立委員会『タイ教育改革ミッション報告書』)

สำนักงานเลขาธิการสภาการศึกษา (2017) แผนการศึกษาแห่งชาติ พ.ศ. ๒๕๖๐ –๒๕๗๙ (教育評議
　　会事務局『国家教育計画 2017-2036 年』)

สำนักงานเลขาธิการสภาการศึกษา (2020) สถิติการศึกษาของประเทศไทย ปีการศึกษา 2561-2562
　　(教育評議会事務局『タイ教育統計 2018-2019 教育年度』)

〈ウェブサイト〉

Equitable Education Alliance (EEA), https://equity-ed.net/ (2021 年 10 月 31 日最終確認)

Equitable Education Fund (EEF), https://www.eef.or.th/ (2021 年 10 月 31 日最終確認)

# コロナとクーデター、そして教育革新

宮沢一朗（UNESCO Yangon 事務所　所長）

　ヤンゴンに来て1週間が経過した。コロナ前は年に数回は出張できていたが、長期滞在するのは約20年ぶりだ。その時も軍事政権下であった。去年2月1日のクーデターから1年以上経過した。軍事政権はこれまで1,500人の国民を殺害し10,000人以上を不当逮捕、国全体では200以上の武力衝突が起きている。対抗勢力の5,500の村は焼き払われ、空爆もされている。

　コロナの数年前でさえ、学校に行けない小中学生の数は260万人だった。(この数は政治的にとらわれるため、後に教育省に否定された)。長引くコロナ、市民戦争のような状態(場所によっては学校が戦いの場となっている)のため、この数は、400万、500万、いやそれ以上になっている可能性が高い。国の教育システムはほぼ2年間機能していないと言われている。約4割の先生は軍事政権に反発し不服従運動を行い、その多くが解雇された。アセアン、国連、他の政府も現在の軍事政権を公式に認めず、45,000以上の学校を抱える教育省と公式に話すことも、仕事をすることも制限されている。目的がどうあれ、殺戮を繰り返す軍事政権と仕事をしようものなら市民の敵とみなされる。

　「さぁどうしよう」これが正直な自分の心の中の声だ。この大きな危機の、大事な機の部分がなかなか見えない。 しかし、10年後20年後 のこの国の教育を考えたときにテクノロジーなしでは教育は成り立たないだろう。いつか民主政権が戻り、教育予算が増強されたとしても従来の教育システムや手法では時代に応じた人材を育てることも、全ての子どもたちが各々の特質や能力を伸ばせるような教育にはならない。

non formal primary education

　現在は、村やコミュニティーの学習センターとテクノロジーの融合に大きな可能性を見ている。　ミャンマーでは国民の半分以上が Facebook のアカウントを持ち、Facebook ＝ インターネットになっている。例えば Facebook の Livestream を使い、素晴らしい能力とやる気をもった 先生が何十万人の生徒に教えることも可能だ。子どもたちは定期的に学習センターにて友達と学び、先生からガイダンスや特別なサポートを受ける。UNESCO は、タイにおけるミャンマーからの移民や少数民族の子ども達のために、学習アプリを開発した。そのアプリの名前は LearnBig。現在 40 万以上のユーザがいて、そのうち 5 万はミャンマー国内の子ども達である。このようなアプリと授業の Livestream そして近くでサポートしてくれる先生や両親や家族がいれば、このような非常事態下でも教育は前に進むことができるだろう。

　また、子ども達が学習を諦めていく最大の理由の一つが貧困である。彼らは親や家族をサポートするために働きにでるか、家の仕事を手伝うようになる。そんな子ども達のため、LearnBig を使い Learning Coin というプロジェクトをここ数年試している。これは今仮想通貨業界で流行っている GameFi にコンセプトが似ていて、学ぶことでお金が稼げるシステムだ。Learn to Earn である。子どもたちの読む時間、ページ数、毎日の努力を数値化しそれに基づき両親に生活費の補助を送る。子ども達へのメッセージは「家族を助けたいなら本を読め」。お金を送ることが目的ではなく、あくまでも子どもたちの読む習慣とその識字力を高めるのがこのプロジェクトの目的である。現在ではタイ政府より資金援助をうけ、タイの貧困層の子ども達を支援している。将来的にはプロジェクトとデータシステムの効率化のため、Blockchain Technology（ネットワークに接続した複数のンピュータによりデータを共有する技術）を導入したいと現在検討している。

　自分たちの提供する手法やプロジェクトがすべての問題を解決するとは思っていない。先述したように、前例のない恐ろしいような現実に直面している。しかし、その現実の中、今できること、自分達の培ってきたもの、同じビジョンを持つパートナーをつなぎ合わせてスタートさせるしかない。そしてそれを徐々に改善・拡大していくことが今最も大事なことと自分は考えている。

**参考サイト**

（Youtube）

I want to protect my parents through my education - YouTube

From out of school to 'miracle' student: ICT breaks barriers for migrant learner - YouTube

LearnBig App English - YouTube

（Website）

LearnBig　https://www.learnbig.net/

宮沢一朗氏 (Ichiro Miyazawa) https://www.miya160.info/

## 日本のオルタナティブ教育の視点から OOSCY を考える

コラム⑪

平野邦輔（東京経済大学　全学共通教育センター　特任講師）

### オルタナティブ教育の立ち位置

　一般的にオルタナティブ教育とは、政府が提供するものとは異なった方法の教えと学びを広く指す (Sliwka 2008, 95)。オルタナティブ教育の形は多様であり、例えばシュタイナー教育やサマーヒル・スクールなど一定の認知度があり、国によっては教育制度の中で一定の地位を得ているものもある。しかし多くは「少数派としてのオルタナティブ」(永田 2019) として形容するのが妥当な状況であろう。オルタナティブな教育を分析することは、個人がメインストリームの学校をどう批判的に見ているのかを浮き彫りにすることと表裏一体である。

　日本の場合はどうだろうか。全日制のいわゆる「普通の」学校以外を広くオルタナティブとして考えた場合、日本ではオルタナティブな教育を提供する学校、また中等教育においては通信制高校が、メインストリームの学校に何らかの理由で行けない生徒、特に、長期欠席を経験した生徒の受け皿になっているのが現状である。言い換えると、日本のオルタナティブ教育は、様々な理由でメインストリームの学校からこぼれ落ちてしまった子どもに対して、多様な教育という形で、生きていく力を身につけさせているセカンドチャンスの場として、教育へのアクセスを保障する一端を担っていると言えるのではないか。本コラムでは、日本のオルタナティブ教育が、OOSCY支援の一つの形として機能している可能性について考察する。

### セカンドチャンスとしてのオルタナティブ高校

　筆者はオルタナティブな教育実践を行う高校で、博士論文執筆のための調査を行った (Hirano 2021)。具体的には関東圏の、生徒を罰する校則を一切作らず、授業への出席も強要しないA校、関西圏のコリア系インターナショナルスクールB校、そして東京都心部の、オンラインでほぼ全ての科目学習を個人で行う通信制のC高校の通学用校舎（いずれも私立）3校で、合計1年間、授業を生徒と一緒に受け、1日の大部分を校舎で過ごすという参与観察の方法を取った。

　一見、バラバラな教育実践を行なっているように見えるこの3校であるが、それぞれの学校はカリキュラムの独自性を標榜しつつも、どの現場でもセーフ・スペース（安全な空間）の形成と、その場に生徒を「参加」させることを重視していた。3校ともメインストリームの学校よりも、生徒中心の授業を行っており、教師が権威主義的にならないようにするなど、生徒が安心して場の活動に参加できる点に意識的になることで、より包括的な教育実践をおこなっている様子が伺えた。それは、オルタナティブな高校を選択する生徒の多くがOOSCYであった点が大きい。

　不登校（長期欠席者）は中学校で大幅に増加し、令和2年度は小・中学校合わせて196,127人と、8年間連続で増加している（文部科学省2021）。「今学校に来ていることが奇跡」というフィールドワーク中の生徒の言葉が示すように、学校での居づらさを経験した生徒は、まずは登校すること、そして学校生活を送ること自体が最初の課題となる。多数の生徒が一時的、もしくは長期的に学校から疎遠になる経験をしたことで、そもそも学校に来られるのかという点は、保護者にとっても重要な関心事となる。民間企業が経営の母体となり、日々の業務に厳しいコスト意識を持ち込んでいたC高校でも、生徒の多くがOOSCYであったという現状に対して気を配っていた。C高校には授業の補助を行う大学生ティーチング・アシスタントがスタッフとして勤務しており、業務においては「生徒に話しかける」「生徒と絡む」ことの重要性が繰り返し強調されていた。

A校の壁画

A校の落書きドア

　A校では授業の進め方にも、居場所づくりを重視する様子が観察された。筆者が同席させてもらった英語科の会議では、グループワークは「ツールとしてのグループワークではなく、居場所づくりとしてのグループワーク」であると明言されていた。つまり、科目の効果的な教授法としてグループワークを使うのではなく、教室にいる生徒同士の関係性の構築と居場所の提供のために行うという狙いである。内容伝達の効率性よりも、学習空間の生成を重視している点が窺える。

### 何を学ぶかよりも、誰とどのように過ごすか

　B校での調査中に、職員の方が以下のような考えを共有してくれた。また類似の指摘を保護者から受けることもあった。

　「生徒募集のために外に出かけて、この学校のトライリンガル教育についても話すのですが、実際には保護者の一番の関心は、自分の子どもがそもそも学校で安全に楽しく学べるのか、今は学校に行っていないけど学校に行けるようになるのか、という点なんです」

　B校は在日コリアンが多数を占める学校で、日本社会の中のエスニックマイノリティであるという理由から、メインストリームの学校でのいじめを懸念してB校を選択したという語りが生徒や保護者から多く聞かれた。その点でA, C校の提供するオルタナティブ教育とは違うという印象を持たれる方もいるかもしれない。しかし、なぜオルタナティブな学校が存在するのか、なぜ一定数の人がそのような教育を選ぶのかに目を向けると、共通項が見えてくる。それはメインストリームの学校で何からの理由で学校生活への

B校 Koreatown 遠足

B校 授業の様子

**生徒のインスタストーリー**

参加が難しかった生徒、特にOOSCYが安全に学べる、セカンドチャンスとしての選択肢である点である。これはすなわち、日本におけるオルタナティブな学校の特色は、何らかの理由でOOSCYに対して教育へのアクセスを提供し、卒業後も必須となるであろう「生きる力」を身につけさせる役割を担っていると言い換えることもできる。

　日本におけるオルタナティブ教育は、例えその教育哲学の中で「自己表現」や「自立」といった表現を使っていた場合でも、実際には構成員同士の関係性の構築と居場所づくりを重視している。大多数の生徒と保護者にとって、これらの学校に来る以前の、メインストリームの学校でのネガティブな出来事、もしくはそれに付随するOOSCYとなった経験から、日々の学校生活においては何が教えられているのかといった点よりも、安心して学習できる場なのかといった点が重要視されている。人々の距離が近いコミュニティ、そしてメインストリームの学校に比べて権威主義的ではない教育方針は、生徒同士の、また教師と生徒の活発なコミュニケーションを生じさせる。

　以上のように日本におけるオルタナティブな教育の価値は、カリキュラムの特殊性といった点ももちろんであるが、OOSCYにとって、コミュニケーションの方法や構成員同士の関係の構築方法、そして他者との繋がりを提供する安全な「場」を提供しているという点にこそ特色づけられるのではないか。オルタナティブなカリキュラムや教育哲学の中に身を置くことで、もしその後メインストリームの社会で生きていくにしても、オルタナティブ教育で培った経験や知識が、日本社会を独自の視点でとらえ直してゆく力をOOSCYに与えるだろう。

## 参考文献

永田佳之 (2019) 変容する世界と日本のオルタナティブ教育——生を優先する多様性の方へ　世織書房

文部科学省 (2021) 令和2年度 児童生徒の問題行動・不登校等生徒指導上の諸課

題に関する調査結果の概要（令和 3 年 10 月 13 日） https://www.mext.go.jp/
content/20201015-mext_jidou02-100002753_01.pdf （2022 年 6 月 18 日アクセス）

Sliwka, Ann. 2008. "The Contribution of Alternative Education." In OECD (ed.), *Innovating to Learn, Learning to Innovate*. OECD Library, pp. 93-112.

Hirano, Kunisuke. 2021. *Educated to Participate: Interaction and Imagination in Three Alternative High schools in Contemporary Japan*. Unpublished doctoral dissertation. University of Michigan.

# あとがき

本書のタイトルである『アセアン諸国の学校に行けない子どもたち』の研究の構想を練り始めたのは、2017年8月であった。当時、日本比較教育学会の研究委員長であった森下稔氏に、研究委員の任務の一環として科研の申請をしてみないか、と声をかけられたことが始まりであった。当時、筆者は研究委員を務めながら何も貢献できていなかったため、これ幸いに挑戦することにした。

当時は、現在ほどSDGsに関して機運が高まっておらず、テーマについても迷っていたが、荻巣崇世氏が「OOSCYへの強化を謳うアセアン宣言(2016年)」を取り上げてはどうかと提案して下さった。その後、荻巣氏、鴨川明子氏、中矢礼美氏とともに申請書を練り上げた。研究委員長の森下氏にとどまらず、研究委員の南部広孝氏(京都大学)が提出の直前までアドバイスをして下さり、採択に結びついたことを鮮明に覚えている。

アセアン諸国をフィールドとする筆者たちは、長年それぞれのフィールドに見られるOOSCYに関心を持っていた。筆者はラオスの山岳地帯で調査をしながらも、ラオスに学校を建てる学生団体の顧問として活動をしてきたため、現地のOOSCYとの関わりが深く、どうすれば子どもたちが学校に行くことができるだろうという疑問を村人たちと共に議論してきたという経緯があった。

本書の第2章の末尾にも記したが、当初、筆者らはOOSCYの削減には、多国間・多機関のネットワークが必要不可欠なのではと予想していた。予算が潤沢に用意され、専門家が結集した組織間による連携から生み出す効果こそ、解決に繋がると思ったからである。コロナ禍まで実施できた現地調査では確かに予想通りの結果が見られ、教育協力ネットワークの重要性を改めて実感したが、同時にどの国もラスト数%のOOSCYを削減できていないこと

にも気づいていた。コロナウイルス拡大以降は現地調査ができなくなったが、筆者の場合、ラオスの現地コーディネータに、ポケット WIFI を持って OOSCY のいる山岳地帯の村を訪問してもらう作業を重ねた。現地でのオンラインインタビューや観察を重ねた結果、教育協力ネットワークの現実と課題が見えてくるようになった。

　たとえば筆者が 2022 年 2 月より訪問を始めたラオスの村には、多機関連携による貧困削減プロジェクトの予算で幼稚園の校舎が建設されたという看板が立っていた。しかし肝心の幼稚園はなく、校舎は小学校 1、2 年生に使われていた。従って、幼稚園に行っている子どもは誰もいなかった。その理由について、村人や教育スポーツ事務所の職員にオンラインでインタビューすると、たとえ校舎ができても予算不足で教員の給与を計上できないため教師を雇うことができず、幼稚園を開くことができないという。また、たとえ幼稚園を開いたとしても、親が子どもを農作業に連れて行ってしまうかもしれないとも聞いた。理由は、彼らが生業とする焼き畑農業は、自宅から遠く離れた山で長時間作業をするため、幼い子どもを家に残せないからである。山岳地帯の貧困村では子どもの教育よりも、今夜の食事にありつくこと、一刻も早く現金収入を得て生きていくことが優先される。また、子どもを農業に同伴させることが、親の安心にもつながる。

　これらのことから、OOSCY が生じる過程や実態を把握したうえで教育支援に取りかかる必要性や、貧困削減など教育以外の分野との協力が不可欠であることを学んだ。

　コロナウイルス拡大以降、現地調査はできなくなったことは不幸であったが、直前に仕上げていた中間報告書が東信堂の下田勝司社長の目に留まったのは幸いであった。下田社長は、東南アジアにも OOSCY が存在することに関心を寄せられ、出版を快く引き受けて下さった。その後、幸運が続き、「はじめに」でも述べたとおり本テーマの研究成果を日本比較教育学会 57 回大会 (2021) の課題研究 II で報告できることになったうえ、学会誌『比較教育学研究』64 号 (2022) での特集に選定された。この時に本書の基盤となる論文集

が既に完成していたことを考えると、同誌出版時に細かく校正作業を行って
くださった紀要編集委員会の南部広孝委員長および田村徳子幹事（京都先端科
学大学）には感謝の気持ちが絶えない。

　これらの一連の幸運なできごとを重ねているうちに、出版を延期すること
になったが、その間に、各現場でOOSCYに関わる研究者・実践者の方々に
コラムを執筆して頂いたり、各章に概説を加えることが可能となった。また、
ラオス調査でお会いした服部真侑氏（元青年海外協力隊）に、提出原稿の確認
や校正をお手伝いして頂くこともできた。

　特に概説の追記は下田社長からのご提案であった。下田社長は、「OOSCY」
がその国の公教育（制度）のなかでどのような位置づけにあるのかについて、
個々の国の中で共通に明確化すること、その国々の教育段階や多様な事情を
説明することの大切さを提案して下さった。ひとつの国にこだわらず、越境
して地域として広く見ることが、将来の研究や支援に役立つと何度も話され
たことが印象的である。

　本書を出版したことで、本研究テーマはいったん区切りをつけることと
なった。2020年6月に、日本比較教育学会の杉村美紀学会長から研究委員長
を拝命した際、学会科研を取得することがひとつの大きな任務となった。そ
の際、OOSCYに関連した学会科研（基盤研究A）を申請することを試み、研
究委員会のメンバーや学会員の方々に多大な協力を得た。しかしながら、筆
者の力不足により、2年度にわたって申請した学会科研は不採択となり、本
研究テーマの継続が危ぶまれた。

　研究委員長として痛恨の極みであったが、研究委員の先生方や科研申請時
の研究分担者の先生方からの応援を受け、OOSCYの発展的研究をトヨタ財
団の助成金（2022年度：国際助成プログラム）に申請したところ、幸運にも採択
された。「アジアの大学生をChangemakerにするための国際交流と教育プラッ
トフォームの構築」と題し、大学生が社会的に不利な途上国の現場を訪問し、
教育支援を体験することにより、自国にある格差を認識し、ともに問題解決
をしていくことを目指すものである。アジアの学生の代表が他国を訪問し合

い、自国で得られた情報や解決策を学びあうことで国際交流を実現するプロジェクトも含んでいるため、研究と実践のシナジーを最大限に発揮したいと考えている。

本プロジェクト（通称：Changers）は、荻巣崇世氏がカンボジア、中矢礼美氏がインドネシア、松本麻人氏（名古屋大学）が韓国、丸山英樹氏（上智大学）が学習基盤およびノンフォーマル教育を、筆者が代表者およびラオスを担当し、各国のNPOや行政と連携して研究を進めるものである。2022年12月に既にオンラインで第1回全体会を終え、5ヶ国から大学教員、NPO代表、学生らが参加して今後の計画について共有したところである。今後、このChangers Projectがどのように展開されていくかぜひ期待してほしい。

この場に名前を挙げることは難しいが、いつも惜しみなく支えて下さる日本比較教育学会の研究委員会の先生方をはじめ、学会員の皆様方には感謝してもしきれない。また、コロナ禍以降も現地の情報を届けて下さったJICA教育政策アドバイザーの長岡康雅氏、ユニセフ・ラオス事務所教育専門官の上野明菜氏にもお礼をお伝えしたい。

最後になるが、このような出版事情が厳しい中で、本書を世に送り出して下さった東信堂の下田勝司社長、編集作業を担当して下さった下田奈々枝氏に感謝を申し上げたい。出版を快諾して下さった2021年1月から2年以上にわたり、書籍化に向けてアドバイスをして下さった下田社長の熱意に応えることができ、この上なく幸せに思っている。改めてこの場をお借りして感謝申し上げたい。

2023年1月

執筆者を代表して

乾　美紀

# 索 引

180

# 執筆者紹介

**乾　美紀**（いぬい　みき）編著者、第2章担当
兵庫県立大学環境人間学部教授。
神戸大学大学院国際協力研究科修了（学術博士）。
日本学術振興会特別研究員（DC・PD）、大阪大学、神戸大学などの勤務を経て現職。
近著に Education Access and Continuity in Northern Laos– A Comparative
Study of the Hmong and Lanten Minorities, Hmong Studies Journal (2022, Vol.24),
著書に『子どもにやさしい学校―インクルーシブ教育をめざして』（ミネルヴァ書
房）、『ラオス少数民族の教育問題』(明石書店) など。

**荻巣　崇世**（おぎす　たかよ）第1章担当
上智大学総合グローバル学部特任助教。
名古屋大学大学院国際開発研究科、デラサール大学国際教養学部（フィリピン）、
東京大学大学院教育学研究科を経て現職。主な著作に『国際教育開発への挑戦―
これからの教育・社会・理論』（共編著、東信堂、2021年）、Reforming Pedagogies
in Cambodia: Local construction of global pedagogies（Springer, 2022年）など。

**Chea Phal**（チェア パル）コラム①担当
カンボジア開発人材研究所（Cambodia Development Resource Institute）、教育研究・
イノベーションセンター長。
神戸大学大学院国際協力研究科修了（経済学博士）。
世界銀行、神戸大学経済経営研究所などの勤務を経て現職。
主な著作に、Blurred Identities: The Hybridization of Post-secondary Education and
Training in Cambodia（Research in Post-Compulsory Education, 27 (2), 2022）、Analysis
of Demand-Side and Supply-Side Factors on Learning Outcomes in Cambodia.（Journal of
Economics & Business Administration, 221 (6), 2020）、Higher Education Expansion in
Cambodia Make Access to Education More Equal? (International Journal of Educational
Development, 70, 2019) など。

**美並　立人**（みなみ　りゅうと）コラム①翻訳担当
神戸大学大学院国際協力研究科、博士課程後期課程在籍
日本学術振興会特別研究員 DC1

**白銀　研五**（しろがね　けんご）コラム②担当
　びわこ学院大学教育福祉学部准教授、国際交流委員会委員長。
　京都大学大学院教育学研究科修了（教育学博士）。
　白銀研五（2022）「ベトナムにおける障害のある子どもを対象とした和入教育－「一緒に教育する」実践にみる学習機会－」『比較教育学研究』第 65 号、pp.41-59、白銀研五（2022）「〈研究ノート〉ベトナムの初等教育課程にみる言語教育の特質－『ベトナム語』と『英語』で設定された目標を手がかりとして－」『地域連携教育研究』第 7 号、pp.133-139 など。

**北川　愛夏**（きたがわ　あいか）第 2 章コラム③担当
　兵庫県立大学環境人間学部 4 年
　ラオスに校舎建設や教育支援を行う学生国際協力団体 CHISE（チーズ）で活動。11 期代表。

**吉田　夏帆**（よしだ　なつほ）コラム④担当
　兵庫教育大学大学院学校教育研究科グローバル化推進教育リーダーコース講師。
　関西学院大学大学院国際学研究科修了。博士（国際学）。
　日本学術振興会特別研究員（DC1）、高崎経済大学特命助教などを経て現職。
　近著に『ミャンマーの基礎教育：軍政から民政にかけての教育政策の効果検証』（明石書店）など。

**中矢　礼美**（なかや　あやみ）第 3 章、コラム⑤（翻訳）担当
　広島大学大学院人間社会科学研究科教授。広島大学大学院教育学研究科博士課程修了（博士〈教育学〉）。日本学術振興会特別研究員（DC・PD）、広島大学留学生センターなどの勤務を経て現職。近著に Overcoming Ethnic Conflict through Multicultural Education: The Case of West Kalimantan, Indonesia（International Journal of Multicultural Education, 20 (1), 2018）、Citizenship education in Indonesia and Japan（Citizenship Teaching & Learning, 15 (1), 2020）、著書に『リーディングス比較教育学　地域研究』（共著、東信堂、2018）。

**西谷　美咲**（にしたに　みさき）コラム⑥担当
　上智大学総合グローバル学部 4 年
　上智大学のボランティア団体「めぐこ」で活動。

**勝又　遥香**（かつまた　はるか）コラム⑥担当
　上智大学総合グローバル学部 4 年
　上智大学のボランティア団体「めぐこ」で活動。

**須藤　玲**(すどう　れい)コラム⑦担当

　東京大学大学院教育学研究科博士課程に在籍。日本学術振興会特別研究員(DC1)。2020年上智大学大学院総合人間科学研究科にて修士(教育学)。

　主要論文に「東ティモールにおける「母語を基礎とした多言語教育(EMBLI)」の広域化を阻害する要因の検討―政策形成過程に着目して―」『比較教育学研究』(2022年、64号)。主要著作に、『東京大学のアクティブラーニング―教室・オンラインでの授業実施と支援―』(分担執筆、東京大学出版会、2021年)、鴨川明子・牧貴愛・須藤玲編著『比較教育学のライフストーリー』(共編著、東信堂、2023年)。

**鴨川　明子**(かもがわ　あきこ)第4章、コラム⑧(英訳)担当

　山梨大学大学院総合研究部教育学域　准教授。博士(教育学、早稲田大学)。早稲田大学助手・助教等を経て現職。

　主要著作：鴨川明子著『マレーシア青年期女性の進路形成』(単著、東信堂、2008年)、鴨川明子編『アジアを学ぶ―海外調査研究の手法―』(単編著、勁草書房、2011年)、鴨川明子・牧貴愛・須藤玲編著『比較教育学のライフストーリー』(共編著、東信堂、2023年)。

**ディヤ・ラマワティ・トハリ**　コラム⑧担当

　早稲田大学大学院アジア太平洋研究科博士課程　院生。インドネシア出身。マレーシアにおけるコミュニティ学習センター元教員。

**冨田　理沙**(とみた　りさ)コラム⑧(英訳)担当

　山梨大学生命環境学部地域食物科学科　ワイン科学特別コース　学部生

**シム　チュン・キャット**　コラム⑨担当

　昭和女子大学人間社会学部准教授(2023年4月より教授)、現代教養学科長。東京大学大学院教育学研究科修了(教育学博士)。

　シンガポール教育省・政策企画官、日本学術振興会・外国人特別研究員などを経て現職。

　主な著書・共著に『シンガポールの教育とメリトクラシーに関する比較社会学的研究　-選抜度の低い学校が果たす教育的・社会的機能と役割-』(東洋館出版社)、『世界のしんどい学校―東アジアとヨーロッパにみる学力格差是正の取り組み』(共著、明石書店)、『コロナ禍に世界の学校はどう向き合ったのか―子ども・保護者・学校・教育行政に迫る―』(共著、東洋館出版社)など。

**森下　稔**（もりした　みのる）第5章担当
東京海洋大学学術研究院教授（海洋工学部教職課程担当）。
九州大学大学院教育学研究科博士課程単位取得後退学。
鹿児島女子短期大学講師、東京商船大学助教授等を経て現職。
主要著作：山田肖子・森下稔編著『比較教育学の地平を拓く―多様な学問観と知の共働』（共編著、東信堂、2013年）。森下稔「境界研究が拓く比較教育学の可能性」『比較教育学研究』第57号、73-86頁（2018年）。森下稔・鴨川明子・市川桂編著『比較教育学のアカデミック・キャリア』（共編著、東信堂、2020年）ほか。

**宮沢　一朗**（みやざわ　いちろう）コラム⑩担当
ユネスコミャンマー事務所所長
コロンビア大学　開発教育学　修士課程（1997年）
慶應大学理工学部を卒業後、青年海外協力隊でケニアの理数科教師となる。その後、NYのコロンビア大学にて修士課程を終了し、JICA教育案件などのコンサルタントを経て、1999年からユニセフのタンザニアに勤務する。2004年にユネスコに移り、バングラデシュ、パキスタン、タイ（アジア・パシフィック局）に勤務した後、2021年9月より現職。

**平野　邦輔**（ひらの　くにすけ）コラム⑪担当
東京経済大学特任講師。2023年4月より慶應義塾大学経済学部専任講師。
ミシガン大学アジア言語文化学部博士課程修了（Ph.D.）
ソウル大学比較文化研究所訪問研究員、武蔵大学・中央大学非常勤講師などを経て現職。
著書にEducated to Participate: Interaction and Imagination in Three Alternative High schools in Contemporary Japan（2021, ミシガン大学博士論文）. In search of Dreams: Narratives of Japanese Gay Men on Migration to The United States（2014, Queering Migrations Towards, From, and Beyond Asia, Palgrave MacMillan).『日系アメリカ人の日本観――アメリカ本土の一世から三世を対象に』（2007, ディスカバーニッケイ＊日本人移民とその子孫）など。

**編著者**

　乾　美紀

ASEAN 諸国の学校に行けない子どもたち

2023年3月31日　　初　版第1刷発行　　　　　　　　　　　　　〔検印省略〕
　　　　　　　　　　　　　　　　　　　　　　　定価はカバーに表示してあります。

編著者ⓒ乾美紀 ／発行者 下田勝司　　　　　　　　　印刷・製本／中央精版印刷

東京都文京区向丘 1-20-6　　郵便振替 00110-6-37828　　　　　　　　　　発 行 所
〒113-0023　TEL (03) 3818-5521　FAX (03) 3818-5514　　　株式会社 東信堂
　　　　　　　　Published by TOSHINDO PUBLISHING CO., LTD.
　　　　　　1-20-6, Mukougaoka, Bunkyo-ku, Tokyo, 113-0023, Japan
　　　　　　E-mail : tk203444@fsinet.or.jp  http://www.toshindo-pub.com

ISBN978-4-7989-1849-5  C3037 ⓒ INUI, Miki

※定価：表示価格（本体）＋税　　〒113-0023　東京都文京区向丘1-20-6　TEL 03-3818-5521　FAX03-3818-5514
Email tk203444@fsinet.or.jp　URL:http://www.toshindo-pub.com/

※定価：表示価格（本体）＋税　　〒113-0023　東京都文京区向丘1-20-6　TEL 03-3818-5521　FAX03-3818-5514
Email tk203444@fsinet.or.jp　URL:http://www.toshindo-pub.com/